U0555911

本书得到“中央高校基本科研业务类专项资金”资助

# 平台经济典型垄断行为分析与反垄断规制研究

# Research on Typical Monopoly Behavior and Anti-Monopoly Regulation of Platform Economy

许　恒／著

中国政法大学出版社

2024・北京

**图书在版编目（CIP）数据**

平台经济典型垄断行为分析与反垄断规制研究 / 许恒著. -- 北京 : 中国政法大学出版社, 2024. 7.

ISBN 978-7-5764-1707-4

Ⅰ. F492.3；D922.294

中国国家版本馆 CIP 数据核字第 2024TP9657 号

---

书 名 平台经济典型垄断行为分析与反垄断规制研究
PING TAI JING JI DIAN XING LONG DUAN XING WEI FEN XI YU FAN LONG DUAN GUI ZHI YAN JIU

出版者 中国政法大学出版社

地 址 北京市海淀区西土城路 25 号

邮 箱 fadapress@163.com

网 址 http://www.cuplpress.com (网络实名：中国政法大学出版社)

电 话 010-58908435(第一编辑部) 58908334(邮购部)

承 印 固安华明印业有限公司

开 本 880mm × 1230mm 1/32

印 张 7.75

字 数 155 千字

版 次 2024 年 7 月第 1 版

印 次 2024 年 7 月第 1 次印刷

定 价 46.00 元

# 前言

平台经济是以互联网平台为主要载体，以数据为关键生产要素，以新一代信息技术为核心驱动力、以网络信息基础设施为重要支撑的新型经济形态。在数字经济快速发展的时代下，平台经济作为数字经济在市场中的主要表现形式，不仅提升了市场供需两侧和流通环节的效率，也加速了数字经济与实体经济深度融合的步伐，为实现传统产业的数字化转型、提高实体经济的生产经营效率、创造高质量的就业环境、保障产业链供应链的安全稳定等方面提供了重要的支撑。

从运行主体方面来看，平台经济的运行离不开平台经营者和平台用户的高频互动，这种互动一方面能够促进数据的流动，进而激发信息的价值化；另一方面，高效的互动可以使平台经营者将数字技术在更大范围内进行运用，从而实现数字技术在经济社会环境中的全方位渗透。除此之外，平台经济的运行需要明确其背后的运行规律和理论机制，这也是数字化视角下的平台经济与传统经济之间的主要不同，可以从以下三个方面展开：

首先，平台经济能够放大规模经济的效果，提升市场竞争的深度和广度。平台经济中的网络效应和网络外部性激发了接入平台的用户之间的相互依赖关系，进而提升了用户之间基于平台的交易频率和交易规模。在数字技术和数据要素的支撑下，平台能够产生的规模经济效果相较于传统经济将更加显著，一方面降低了平台经营者在生产经营过程中的边际成本，并将被节约的成本传导至竞争力的优化和用户福利的提升过程中；另一方面，用户在多个平台间灵活且低成本的切换可以加强平台经营者之间的竞争强度，强化平台经营者的创新动机。

其次，平台经济能够提高交易效率、降低交易费用，推动消费和流通环节的高质量发展。平台作为一种信息的中介可以有效地打破交易中各个环节间的信息屏障，消除交易过程中的信息“孤岛”、信息“鸿沟”，使交易者在平台环境中可以更加高效且准确地搜寻到彼此。这种信息结构的优化能够有效地提高交易质量，降低交易者的交易费用。同时，合理的平台规则还能够帮助交易者对产品和服务进行甄别，提高交易过程的有效性。

最后，平台经济能够渗透产业链供应链的诸多环节，提高产业链供应链的安全和稳定，并加速传统行业的数字化转型。平台经济建构在大规模的数字技术和数据要素的使用基础上，数字化的技能具有可复制、网络化、智能化的特点，打破了传统经济领域中的空间、时间、行业的边界，这使平台经济可以更好地在各个产业以及产业中各个环节间进行渗透，使产业链更多环节中的参与者能够获得信息质量、交易质量等方面的优化提升，提升了产业链供应链应对外部冲击的能力。进一步地，为了更好地在产业链供应链中持续高质量交易，传统企业也会主动“拥抱”平台经济，借助平台经济的优势实现数字化转型。

在平台经济为经济社会带来推动力的同时，我们也感受到并接触到阻碍其发展的诸多问题，例如，平台“二选一”、平台自我优待、“轴辐”协议、大数据“杀熟”、数据封禁等，都被视为平台发展中对技术、规则、数据等工具的滥用行为。我国“十四五”规划指出要“依法依规加强互联网平台经济监管，明确平台企业定位和监管规则，完善垄断认定法律规范，打击垄断和不正当竞争行为”，说明了垄断与不正当竞争行为已经成为平台经济有序发展的主要障碍，同时也对平台经济的高质量发展和科学治理提出了具体要求。鉴于此，本书尝试从平台经济中的典型垄断行为入手，结合经济学和法学交叉学科分析的方法，探究平台经济领域中垄断行为的反竞争效果，以及规制垄断行为的具体机制和方案。本书的内容和特点主要涉及以下三个方面：

第一，本书尝试回应平台经济领域中垄断行为的形成机制。不同于传统经济中的垄断行为，平台经济领域中的垄断行为具有边界模糊、波及面广、隐蔽性大的特点。这些特点并不单纯地来自平台经济中关于数字技术和数据要素的高度应用，同时还涉及了平台交易规则与传统经济领域中的交易规则的差异。例如，平台经济领域中的相关市场界定一直是学术界和实务界所关心的议题，这是因为平台经济所涉及的领域边界模糊，且平台经营者大多运用了多市场布局的策略，使我们所关心的特定业务涉及的边界更加复杂和模糊。因此，厘清平台经济领域中垄断行为的形成机制的前提是高度明确平台经济的运行特征及其底层规律，进而帮助我们回应平台经济垄断形成的机制问题。

第二，本书尝试分析平台经济领域中垄断行为的反竞争效果。平台经济领域中垄断行为所产生的反竞争效果较为复杂，这是因为平台经营者所涉及的业务以及涉及的用户类型众多，这便使特定的垄断行为对不同的用户产生了差异化的效果，同时，在垄断行为的实施过程中，用户间的相互作用也会影响该行为的反竞争效果。例如，平台经济领域中的“自我优待”问题通常被视为平台经营者的一种差别待遇问题，但从平台经营者本身的动机来看，“自我优待”并不一定源自其排除和限制市场竞争的根本动机，用户间和业务间的相互连带关系，使该行为的形成动机和实际效果存在明显的动态性。因此，利用经济学工具对平台经济领域中特定的垄断行为进行反竞争分析，可以更好地帮助我们理解平台规则与其相应的竞争效果，从而对特定的垄断行为进行更加有效且准确的规制。

第三，本书尝试探索平台经济领域中反垄断规制方案。平台经济的有序发展离不开对平台经济领域中垄断行为的规制，而对垄断行为的规制路径在平台经济领域中又具有特殊性，它不仅包括对具体行为的规制和制止，同时还需要系统性地识别数字技术、平台规则、数据要素等平台特征在垄断行为中的功能。通过对上述特征的进一步厘清来系统性地识别平台经济领域中的垄断损害以及具体的规制方案。因此，在经济学工具的辅助下，结合反垄断法相关理论，可以更加清晰且尽可能准确地帮助我们对特定的垄断行为制定科学的规制方案，为实现平台经济的有序发展、培育平台经济市场公平竞争环境提供有力的理论支撑。

许　恒

2024 年 1 月 15 日

# 目 录

# 第一章　平台经济概述

## 第一节　平台经济的发展

目前关于平台经济的研究大多来自学术界和实务界对双边市场理论的探索和延伸，例如，Rochet 和 Tirole（2003）构建并分析了网络外部性特征下的市场结构，即双边市场（或多边市场），两组（或多组）不同且相互独立的用户在一个平台上进行互动或交易，形成了能够相互产生价值的场景，这种场景可以被视为一种双边市场（或多边市场）。[1]作为一个在双边市场中运行的主要载体，“平台”或“平台经营者”在双边市场中扮演着“中心者”的角色。他们通过技术投入、规则制定、交易辅助、监督监管等工作，来实现进入双边市场的用户进行高效、准确且安全的互动或交易。因此，如果我们将平台与双边市场进行划分，则可以将双边市场视为用户进行交易的市场环境，而平台则是这个交易环境中的重要载体。

---

〔1〕 J. Rochet, J. Tirole, “Platform Competition in Two-Sided Markets”, *Journal of the European Economic Association*, No. 4., 2003, pp. 990 – 1029.

从平台经济的表现形式来看，双边市场中的平台为那些具有相互补充关系或相互依赖的用户提供了某种差异化的服务，类似于一个经营多种产品的厂商。但是在经济学的研究中，我们强调了双边市场与传统的多产品经营厂商的不同。具体而言，上述不同来自用户之间的网络外部性（network externalities），在教科书式的双边市场研究中，用户之间存在着十分明显的互补关系，即一组用户进入市场的动机主要来自与其互补的用户的接入规模和接入动机。更加重要的是，这种网络外部性是不能被用户自身所内部化的（internalized），换言之，用户是不能够通过自身的经济行为来实现网络外部性的效果的。[1]因此，在双边市场理论的探索中，平台这个载体所发挥的作用便逐渐凸显出来，它的存在实际上是整合了双边或多边用户本身对另外一组或几组用户的实际需要，并基于这些需要提供满足他们互补性和依赖性的服务，这便突出了网络外部性在双边市场运行中所发挥的功能。

由于双边市场与传统的市场存在着关于网络外部性的明显差异，这便使得作为中介的平台的定价模式产生了较传统市场的不同。Armstrong（2006）提出了在双边市场中影响厂商定价的三个主要因素，分别为网络外部性程度、价格类别以及用户的归属性。[2]

---

〔1〕 关于用户网络外部性的内部化例如，用户可以自己同时购买剃须刀和刀片来完成两种商品的组合并使用，基于两种产品的互补性来为自己带来效用。

〔2〕 M. Armstrong, "Competition in Two-sided Markets", *The RAND Journal of Economics*, Vol. 37, No. 3., 2006, pp. 668-691.

首先，由于接入平台的两组用户之间存在的互补关系，平台对某一边的定价同时也受到了另一边用户反应的影响，使得平台的定价已经偏离了传统的基于成本的定价，而是基于两边用户之间的网络外部性强度而展开。当 A 端用户相对于 B 端用户具有相对更弱的网络外部性时，B 端用户对平台的接入更加依赖 A 端用户的接入规模大小，则此时平台在 A 端用户群体中的定价力量将存在一个下降的压力。

其次，平台的定价通常可以基于用户的接入行为制定，也可以基于用户的使用频次制定，亦可以两者兼有。当用户间的网络外部性程度较强时，平台通常并不关注在用户接入的第一阶段过程中的盈利水平，即平台通常并不会高度地关注通过用户的接入行为而获得利润，而是基于用户在低成本（甚至是零成本）接入平台后，在平台上进行的大规模互动而收取使用费用。

最后，用户接入平台可以是单归属（single-homing）也可以是多归属（multi-homing）。当用户的归属性越弱时，用户单归属程度则越强，平台此时在该侧用户群体中则更加有可能具有垄断力量，反之，平台在该用户群体中的定价能力则会减弱。当平台所面对的所有用户均为多归属时，则会导致平台间的竞争更加激烈，因为用户在不同平台间的转换并不会因为归属性而形成较大的障碍。但我们同时需要明确的是，若没有其他关于平台差异化的因素存在，当平台所提供的产品或服务具有较强同质性时，任意一名用户接入任意一家平台都将获得几乎一样的收益，使得平台间的价格竞争将进一步趋于激烈，这也会推动平台实施某种类型的垄断行为，如“二选一”行为。

聚焦双边市场的主体，以平台为主导的双边市场可以被称为一种平台经济。根据我国早期的关于平台经济和平台经济学的研究，徐晋和张祥建（2006）较早地提出了平台经济与平台经济学的相关概念，研究指出平台是以某种类型的网络外部性为特征的经济组织，平台可以是一种现实的或虚拟的空间，这个空间可以导致或促成双方或多方客户之间的交易。[1]从关于平台和平台经济的早期概念来看，我们所关注的平台更多的是一个关于网络外部性存在的环境，平台可以运用某种技术或规则来激发不同用户群体之间的网络外部性。其背后的一个逻辑是，平台规则可以吸引相关群体的用户接入平台，并在平台上进行互动，进而产生或提高交易的规模和体量，最终带来经济价值。从平台的性质角度来看，它应当属于一类经济组织。从狭义的视角来看，作为经济组织的平台应当具有的特征是以某种规则进行“投入—产出”的流程，并且能够达到经济价值创造的目标。因此，在这个概念基础上，我们可以将平台所构建的经济环境视为一类市场，平台本身通过自身商业规则为市场上进行互动的双方或多方提供交易场所和保障机制，使他们可以在互动和交易过程中产生经济价值。

随着我们在理论和实践层面对平台认识的不断深入，对

〔1〕 徐晋、张祥建：《平台经济学初探》，载《中国工业经济》2006年第5期。

平台的解释开始逐渐地细致和丰富。一个更加具体且全面的关于平台的概念可以参考《国务院反垄断委员会关于平台经济领域的反垄断指南》（以下简称《平台反垄断指南》）。该指南提出，平台为互联网平台，是指通过网络信息技术，使相互依赖的双边或者多边主体在特定载体提供的规则下交互，以此共同创造价值的商业组织形态。从这个概念中我们不难发现，随着平台经济的发展，我们对平台的关注点逐渐转移至线上平台，即那些基于网络信息技术的虚拟平台，而非早期研究关注较多的如支付卡平台。此外，我们目前关于平台的关注点更加明确地强调了平台两个属性，其一是平台规则，其二是价值创造。

首先，平台规则是平台得以运行的关键，在双边市场理论下，平台的核心规则是激发不同用户群体之间的网络外部性。这里需要明确的是，用户之间的网络外部性并非是平台创造出来的，而是客观存在的，平台在其中的关键功能是如何通过某种规则和机制将这些用户之间的网络外部性显化，并为用户在网络外部性下的进一步经济活动提供场所。当然，在互联网平台的视阈下，用户进行经济活动的场所是一个虚拟的场所，我们会在下文详细讨论虚拟场所的必要性和重要性。

其次，平台的运行要实现价值的创造，正如上述概念中所表达出来的，平台的价值创造应为一种“共同”价值的创造，换言之，平台所创造的价值应该尽可能符合在平台经济市场中进行互动的全部参与者的价值目标。此外，平台所创造的价值不能以损害其他利益相关者的利益为代价。聚焦本书所讨论的主题，平台的垄断行为实际上就是偏离了平台共同价值创造这一属性，而平台领域中的反垄断，则是对这一偏离的纠正和调整。

不难发现，我们目前所关注的平台经济是伴随着数字经济的发展而形成的，但我们必须要强调，数字经济并不是平台经济运行的必要条件，因为平台经济这个模式在传统的市场运行中早已出现且较为普遍，而且这种平台经济模式要更早于数字经济便已生成。例如，在 12 世纪至 14 世纪的法国香槟集市，由于货物运输和交通特征，香槟集市一度成为欧洲的商业中心之一。香槟集市得以发展的因素在于两点：①香槟集市中汇集了对某种特定商品具有供需关系的至少两个群体，我们可以将他们视为商品的供给者和需求者。商品的供需两方具有了极强的相互补充关系，而香槟集市作为一种实体的交易场所，又为他们提供了可以开展交易的且更加集成的环境。②香槟集市具有一个较为严格的组织形式，在香槟伯爵的领地上，由市民和骑士组成集市法庭，基于严格的规则来解决商业纠纷。同时，香槟伯爵对集市进行保护并收取税费，来维持集市的运行。香槟集市的形态已经十分类似于我们现在所看到的实体的平台市场，如商业购物中心。香槟集市以市场的形式，将商品买卖双方本来就具有的网络外部性进行归集和激发，基于特定的平台规则帮助他们完成交易，进而实现共同价值创造的目标。

但我们可以同时发现，数字技术和数字经济的发展为我们解决了平台经济运行过程中的诸多屏障。具体而言，数字技术在平台经济交易中的运用核心是将实体产品和服务虚拟化，它并不强调对于实体商品的归集（如香槟集市），而是更加关注对于商品信息的归集。这便使传统的平台市场向新型的线上虚拟平台市场转变。相较于传统的平台市场，虚拟平台市场具有以下两个方面的优势：

第一，突破了传统市场中时间和空间的局限。市场的虚拟性提高了市场可以传播的范围，使用户不再在交易中受到来自物理局限的交易难题。在传统的实体市场中，虽然市场组织者可以通过标准化的规则来尽可能充分地解决交易中的纠纷，但是规则不能解决由市场外部环境带来的外生问题，或者说，解决这些外生问题将产生大量的成本。而反观虚拟市场，它虽然需要平台进行组织，并对交易施加某种特定的规则，但是由于商品信息在传播的过程中不会受到较大的物理因素的干扰，使市场在交易时间、运行空间、触及范围等方面都产生了巨大的提升。

第二，降低了交易者的成本。交易者的成本主要由两个部分构成：其一是直接成本，即交易者为了获得商品而支付的价格；其二是在交易过程中需要承担的间接成本，例如，搜寻和比较商品信息的成本。在传统的平台经济市场中，间接成本通常较高，这是由于交易者需要在众多的实体商品中一一比对，并选择自身最为偏好的商品。而在虚拟的平台经济市场中，平台经营者通过数字技术的运用，形成了关于某一类商品的信息集，通过供给者的供给信息和需求者的需求信息，进行信息的收集和聚类，并释放给对应的用户，使他们可以在一个信息集合内快速且准确地获得他们所需要的商品信息，并快速地完成交易。因此，虚拟平台下的市场交易更加倾向于一种定制化的交易模式，它能够通过信息的快速集成、匹配和分发，使每一位交易者高效地获得交易所带来的收益，提高了平台运行的效率。

就平台经济的概念与原生属性来看，平台经济的产生是来自不同用户之间关于某类商品的供需关系。供需关系形成用户之间的相互依赖，为了满足用户之间的互补性，即网络外部性，平台作为一种市场模式逐渐形成。而作为一种实体，平台在运行的过程中又受到了诸多的约束，如时间空间的约束，以及用户间接成本的约束。极大地增加了平台市场在运行过程中的不确定性，降低了用户在平台上进行交易的收益，这些都来自平台运行效率和技术的瓶颈。而数字技术的快速发展与对传统平台市场的融入，使平台经济的效率得到了有效提升。我们需要明确的是，数字技术和数字经济的快速发展并不是带来了平台经济，而是改变和优化了平台经济。同时，对于平台经济的改变并不是对其本质的改变，而是对其效率和质量的改变。数字技术改善了平台经济的上述发展瓶颈，使它的表现形式更加多样和灵活，进而使平台经济市场可以应对较多的外部不确定性，以及降低用户在使用平台过程中的成本。

基于以上讨论，我们在本书中所关注的平台与平台经济，主要构建在数字技术嵌入下的平台场景中。我们关心此类平台并非忽视了传统平台的存在价值，而是我们希望提出更加符合目前市场运行特征的平台经济相关理论和实践方案。在数字技术的支持下，平台经济已经成为数字经济发展的重要组成部分和主要的表达形式。反观数字经济，根据中国信息通信研究院（以下简称“中国信通院”）发布的《中国数字经济发展报告（2022 年）》显示，2021 年我国数字经济规模达到 45.5 万亿元，占 GDP 比重达到 39.8%，说明了数字经济在我国甚至全球的经济社会活动中已经开始发挥极其重要的作用。对数字经济视阈下的平台经济的研究，以及本书所聚焦的平台经济市场公平竞争与反垄断规制的相关理论研究与实践探索，实际上是为平台经济能够更好地为经济社会高质量发展提供较为有效的依据。因此，从本书的理论架构视角来看，我们会以一个比较广义的视角来讨论平台经济理论，例如，网络外部性、用户的归属性等，这些特征和相关的理论并不仅出现在互联网平台中，而且是所有平台经济所具备的必要特征；从本书的实践探索方面来看，我们更加关注互联网平台市场中的垄断与反垄断。这个设定的主要原因是，在数字技术的不断嵌入过程中，传统的反垄断理论和反垄断方法出现了诸多的适用性难题。究其主要原因，是传统的方法包括经济学方法，需要针对数字技术所产生的具体特征开展更加针对性的分析，无论是对垄断行为的识别和判断，还是对垄断产生损害的评估，都需要一套更加科学且严密的方法进而开展研究。因此，我们将在本书中完成必要的理论与实践结合的研究工作。

## 第二节　平台经济发展现状和市场特征

中国信通院于 2021 年 5 月发布了《平台经济与竞争政策观察（2021 年）》（以下简称《观察》），比较全面地展现了我国乃至全球平台经济的发展现状和发展趋势。具体而言，全球平台经济的发展现状可以总结为以下三个方面：

第一，平台经济规模快速提升。从《观察》中展示的数据来看，截至 2020 年底，全球市场价值超过 100 亿美元的平台企业为 76 家，同比增速达到 57%，反映出平台经济的快速发展是一个全球化的趋势。产生这种趋势的主要原因来自“技术 – 经济”模式的推进，以新技术为基础的平台经济带动出了新的经济模式，包含了新的生产关系、新的交易方式、新的要素形态等。在这种新的经济模式下，经济价值的快速生成又对数字技术的不断创新和发展提供了前向的推动力，使技术和经济之间形成了良性的闭环。此外，平台经济规模的快速提升离不开市场经济对新型经济模式的必然需要。传统经济市场在发展过程中面临了较大的限制，其中包括交易路径和生产资源方面的限制，使市场经济活动参与者在交易过程中所面临的稀缺性问题逐渐凸显。这就需要引入更加有效的交易方式以及使用率更高的生产资料，而平台经济可以将交易者带入到更加广阔的虚拟交易场景中，脱离传统交易中来自时间和空间的局限，符合了全球化贸易的具体要求。同时，平台经济所运用的大规模数据增加了生产资料的使用效率，数据在某种程度上可以实现重复利用和再生，满足了经营者降低成本、提高效率的实际需要。从交易方式方面来看，传统经济虽然在长期的实践中已经得到了有效的发展，但是在很多方面还是离不开经验主义的交易范式，这便增加了交易环境中的内部不确定性，使交易过程无法充分地应对外部冲击。例如，产业链供应链内部环节间的不确定性容易受到外生冲击的压力，造成链条的断裂，而平台经济的有效融入则可以提升产业链供应链的韧性，从技术和模式方面强化产业链供应链的安全与稳定。

第二，平台经济市场呈现高集中度。根据亚非银行的全球金融数据显示，截至2022年底，全球市值前十大企业中有五家是平台或以平台为主要经营业务的企业，分别是苹果、微软、谷歌、亚马逊和腾讯，市值总和约6.32万亿美元，体现出平台企业在全球市场中发挥了较强的头部带动作用。[1]但我们同时需要注意的是，在诸多平台企业涉及的行业内，出现了十分明显的高集中度现象。《观察》展现出的数据显示，以即时通讯、移动支付、搜索引擎为代表的平台市场CR4均超过了90%，而综合视频、网约车、线上零售等市场的CR4达到了80%以上。说明了很多具有代表性的平台经济市场存在十分明显的寡头垄断格局，大部分的市场被少量头部企业所占据。从这些行业的特征来看，他们大多处于数字经济中的产业数字化领域，说明了那些更加接近产业链末端

---

〔1〕 参见https://gfmag.com/data/biggest-Company-in-the-world/，最后访问日期：2024年3月20日。

的行业对平台经济的需求更加突出和明显，同时也反映出，平台经济的出现更加能够回应需求侧交易模式的改造需要。其次，平台经济市场中较高的市场集中度也体现出了平台经济的运行特点。平台经济的基础在于对双边市场理论的市场实践，它是基于网络效应和网络外部性而激发出的交易方式。在这种交易方式下，用户的大量聚集并不单纯地来自平台本身，而是来自与其具有互补关系的用户的相互吸引，放大了平台获取市场份额的能力，同时也增强了平台经营者可以实现规模经济的效果。当平台具有技术或市场方面的优势时，则可以以逐渐降低的成本（即边际成本递减）以及快速地占据市场，成为平台经济市场中的头部企业。

第三，平台经济垄断风险显著增加。平台经济规模的快速发展强化了其在市场经济活动中的必要性和重要地位，但平台经济市场的高度集中也给头部平台企业以及那些具有技术和数据优势的平台经营者带来了控制市场的能力。为了获取更大的利润，头部平台滋生了垄断市场、实施垄断行为的动机。从目前的反垄断实践来看，平台经济领域内的反竞争担忧主要来自两个原因：首先，传统的反垄断方法在平台领域中出现了相当程度的适用性难题。传统的反垄断方法和相关的分析范式大多来自传统经济市场实践，而传统经济大多遵循了单边交易模式，即基于买卖双方的直接互动而形成的交易模式。但是，在平台经济领域中的经营者大多以一种“中介”的形式存在，它在经营模式、定价模式和竞争模式方面都与传统经济存在较大区别，这就为我们进行平台经济市场分析带来了若干挑战。例如，在对相关市场的界定、对经营者市场支配地位的认定、对经营者具体垄断行为的判断等方面，传统的方法已经不足以给出一个统一的答案，这便需要我们在平台经济反垄断规制方面提前作出理论上的创新。其次，平台经济领域中的垄断行为具有较强的隐蔽性。数字技术和数据要素的大规模运用增加了经营者、监管者、消费者等主体之间的信息不对称，而有效和公平的竞争通常应当发生在市场信息较为充分且对称的环境中。当经营者的行为不能够被监管者和消费者所充分观察到时，垄断行为的实施则会被覆盖在技术的“面纱”内，经营者以外的经济活动参与者虽然会享受到数字技术带来的交易效率提升，但同时也会被放逐在信息不对称的“孤岛”上，使垄断行为的实际损害存在，但无法被有效地识别，产生了较大范围、较大程度、较大识别难度的垄断风险。

关于平台经济市场特征的讨论，我们并不单纯地关注互联网平台下的市场特征，如数字技术的深度融入等。更加重要的，我们将平台经济的原生属性纳入平台经济市场特征的核心分析中，即并不以数字技术作为平台经济市场特征核心元素，而是以其产生和运行规律背后的逻辑作为核心的探讨内容而展开。具体而言，本书所关注的平台经济市场特征可以从以下三个方面进行归纳：

第一，平台经济市场存在明显网络外部性。不同于传统市场的单边结构，平台经济市场具有十分明显的双边或多边结构。这种结构是由平台所提供服务的特征而决定的，换言之，它并不以平台上进行交易的产品或服务特征而决定。平台存在的核心功能是进行交易信息的收集、对接、匹配和分发，进而使那些需要进行交易的群体可以在平台上通过经济活动创造价值。而只有那些具有相互依赖关系的群体才有动机接入平台，平台则是通过这种信息交互，将这些群体内的用户进行集成，并为他们提供交易的场所。进一步地，用户接入平台的动机并不单纯地来自平台本身，而是来自平台能够为他们提供的交易机会，即平台能够为他们带来的互补用户的规模和质量。因此我们不难发现，平台经济市场中的用户对平台的关注更多地来自他们对对边用户、多边用户的依赖，我们将其称为网络外部性。网络外部性是一种间接的网络效应，在网络外部性增强时，用户增加了对平台的接入动机，进而提高了用户接入平台的规模。与网络效应不同的是，在网络外部性作用下，用户的接入动机并不来自其所处的群体规模，而是受到了与其相互依赖的用户群体规模的影响。网络外部性的形成通常是通过平台服务来实现的，且会促进以平台为中介、两边或多边用户之间相互作用而产生的平台规模的递增。反观平台提供的服务，其功能在于寻找和激发不同用户群体间具有的网络外部性，并通过提供中介服务而使这些具有网络外部性的用户可以在同一个场景下进行互动和交易，最终创造经济价值。因此，平台能够得以运行的基础便是它能够活动在具有网络外部性的至少两组不同的用户群体中，并为他们提供可以互动的服务，这种服务通常以虚拟市场、数据收发、信息匹配以及与交易相关的配套服务而组成。

第二，平台经济市场中的价格存在倾斜性。现有关于双边市场和平台经济的研究指出，平台经济市场中的价格大多具有非中性的特点。具体而言，平台给用户所制定的价格（包括接入费用和抽成费用）并不会完全地以平台所提供服务的成本作为基础，而是以用户对平台“服务”的依赖程度作为基础而制定价格。所谓平台“服务”，事实上是平台在用户既有的网络外部性下而提供的场所，当用户在这种场所为自身带来的收益程度较高时，则说明了用户对平台交易的依赖度提升。如果体现在量化指标上，我们可以指出，这种情况下的用户对平台价格的需求弹性下降，即用户对平台服务趋于刚性需求（或可以视为缺乏弹性）。此时，平台在这一组用户中产生了较强的定价能力。[1]但是，我们需要同时明确的是，平台所面对的多个用户群体并不一定具有相同的需求价格弹性，换言之，接入平台的不同用户群体对对边的依赖程度不尽相同，这便导致了平台在不同用户群体内的定价水平出现差异。通常情况下，平台会在那些对对边用户依赖度较高的用户群体中制定较高的价格，反之则反。这主要是由于，对于那些对平台服务以及对对边用户具有较强依赖性的用户而言，他们不接入、不使用平台的机会成本更高，使他们增加了对平台的黏性，而平台则可以利用这种黏性来更加灵活地制定价格，通常是较高的价格。而对于那些依赖

〔1〕 例如，平台在需求价格弹性较低的一端用户群体中能够具有更大的勒纳指数，为平台带来更强的定价能力和更大的价格空间。

度并不高（但依旧存在依赖度）的用户而言，平台则会制定较低的价格，以形成对这些用户的吸引。不难发现，平台在不同用户群体中的价格差异较为明显，同时，当用户之间的依赖度差异逐渐增加时，这种价格差异将随之扩大，我们将这种价格的“失衡”称为倾斜式定价。倾斜式定价产生的根源实际上反映出平台对用户间的网络外部性的运用，平台作为一种中介，它自身无法充分形成对用户的吸引，而是利用不同用户间的相互吸引而实现盈利。因此，平台需要通过价格工具来完成两项工作：其一是保证用户可以规模化地接入和使用平台，其二是可以在用户互动和交易的过程中实现自身的盈利。上述第一项工作高度地依赖了价格作为一个有效的杠杆，以低价格撬动那些弹性较高的用户接入，并对其对边用户形成吸引，再利用较高的价格来实现利润增长，以及可能的成本补偿。

第三，平台经济市场中的用户具有多归属性。随着数字技术的发展和移动通信设备的普及，消费者接入平台的便利性大幅度提升，这提高了消费者能够触及不同平台的概率和效率。从需求侧这个视角来看，消费者在没有其他外生干预的情况下，可以以更低的成本接入不同的平台。虽然我们不能绝对性地指出，消费者的接入行为和消费行为是一致且同步的，但是消费者对不同平台的接入实际上可以增加平台在不同群体内的关注度和注意力，即消费者的接入可以为平台在生产经营过程中提供必要的流量。正如我们在上文所讨论的，平台的经营实际上是一种对信息的收集和分发，这就需要消费者这种多归属的行为为不同的平台来提供充足的数据和信息，帮助平台可以在不同的用户群体中提升信息的数量和质量。因此我们可以发现，来自需求侧用户的多归属形成了平台在其他用户群体中多归属的可能，与此同时，平台的多归属又能够为平台在更大的用户范围内收集信息。由于这种用户的多归属性，相较于传统市场，平台经济市场中的平台经营者所面对的要素市场更加广阔。换言之，用户的多归属事实上回应了平台经济中要素市场的数据的准公共物品属性，在多归属下，用户的接入行为并不属于任何一家特定的平台，从数据的公共物品属性来看，用户群体内所产生的数据也不会被任何一家平台所垄断。此外，用户的多归属还可以为平台经济市场带来另一种力量，平台之间的竞争程度通常随着用户多归属的强度而提升。用户的接入并不意味着用户可以在平台上进行交易，也并不意味着用户的接入可以直接为平台带来经济价值。为了激发用户接入后的价值，平台需要不断优化交易条件来吸引用户持续在平台上进行活动和交易，进而获得收益。在竞争的和不完全竞争的平台经济市场中，平台经营者则需要在诸如价格等的交易条件层面提升自身的竞争力。因此，用户的多归属是推动平台经济市场有效竞争的基础，培育平台经济市场中的公平竞争也可以通过保障用户多归属的自主性这一路径来实现。

## 第三节　平台经济市场的垄断风险

随着平台经济市场的快速发展以及平台经济对经济社会

整体发展的贡献程度的不断提升，平台经济市场中的垄断和反垄断问题开始受到极大的关注。平台经济市场中的垄断风险所引起的关注主要来自两个方面：首先，平台经济给我们的经济活动带来的诸多的新问题，例如，平台经济的经营模式与传统经济十分不同，它的交易并不是单纯地涉及买卖双方的单边市场交易，而是在网络外部性的作用下，作为中介的平台经营者可以实施更加复杂的策略来影响两个甚至更多的用户群体，使得不同用户群体在交易中的福利和影响机制发生巨大改变。其次，平台经济市场中的垄断行为带来了更大的损害。这是由平台经济活动所触及的范围而产生的，平台经济背后所展现的信息价值、技术价值、经营价值等方面的扩展，使经营者可以穿透诸多屏障而在更大的市场范围内开展经济活动。平台经济并不会受到地理区隔、时间因素和行业边界的严重限制，这便会使经营者的反竞争行为延伸至更大的范围，影响更多利益相关者的福利水平。因此，对于平台经济领域内的垄断行为识别和分析，并作相应的反垄断规制，既是我们对保护新经济下经济活动和利益相关者的关切，同时也是对培育公平竞争的平台经济市场实际需要的回应。

基于平台经济的主要特征，我们可以将平台经济市场中垄断风险的来源及其主要原因归纳为以下三个方面：

第一，平台经济市场的新模式所产生的垄断风险。大量理论研究指出，平台经济下的双边市场或多边市场特征造就了平台经济市场不同于传统经济市场的新模式，这种新模式包括了生产模式、经营模式、竞争模式等。

首先，在新的生产经营模式下，平台经营者更加倾向于提供服务，而非提供一种或一类实体的产品。同时，平台所提供的服务也不再仅限于单边市场的买卖，而是服务于多边市场的交易。具体而言，平台为那些具有相互依赖关系的买卖双方提供交易信息的对接服务，并在这个主体服务的基础上，进一步提供诸如支付、监管、物流、售后等服务。不难发现，平台经营者已不再是单纯的产品销售者，而是通过一系列的服务组成一套服务系统，形成产品高效流通的交易场所。在这种场景下，平台获得利润的主要路径是向接入的用户收取相应服务的费用。但值得我们注意的是，平台所制定的费用并不是中性的，即不完全是基于其提供服务所产生的成本而制定的，而是基于平台上的交易体量而制定的。交易体量主要来自接入平台的用户在平台上进行交易的频次和规模，而影响用户交易动机的主要因素是他们对交易对象的依赖程度，以及交易对象的接入规模与交易动机。因此，平台经营在交易方式上与传统市场产生了较大的差异，平台经营并不过多地关注某种特定产品在相关市场中的竞争力，而更多地考虑它对不同用户群体的吸引能力。我们将平台对单边用户的吸引转化为对多边用户的吸引效果称为平台经济中的网络外部性，当平台能够激发潜在用户之间的相互补充程度，并推动用户因为这种相互吸引而接入平台并实现交易后，平台便能够对那些用户形成有效的“吸盘”效应。若平台能够激发的网络外部性增强，并将网络外部性良好地转化为用户交易，则可以基于用户对平台交易的依赖程度而制定相应的费用。

其次，平台新的生产经营模式的特点形成了平台独特的竞争模式。由于平台市场中的竞争并不是关于某种产品的竞争，而是关于平台所提供服务的竞争，因此，平台经济领域中的主要竞争路径是如何提高用户的注意力，以及如何增加用户的接入和使用频次。在平台竞争过程中，我们需要强调两个重点：其一是用户的接入动机并非完全来自平台本身，而是来自与其互补的用户规模；其二是平台在某个业务下所提供的服务具有较强的同质性。这两个特点所产生的结果是，平台在竞争中需要选择其策略上侧重的群体，平台并不绝对地需要同时吸引所有的用户，而是可以通过吸引单边或少量用户群体，借助网络外部性的力量对其他用户群体形成吸引。此外，在某一个特定业务下，平台所提供对接服务的差异性较低，使用户在不同平台上获得的效用差异化程度不高，提高了用户对不同平台的交叉价格弹性。换言之，在此情况下，少量的价格变动就会引起用户的大量转移。

在上述竞争格局下，平台垄断或谋求垄断的关注度则在于如何在某一个或某几个用户群体中形成一种不可替代的垄断性。当这种垄断性存在时，平台则可以利用被控制的用户来吸引其他与其互补的用户的接入。因此，在平台经济市场的竞争中，平台经营者的市场支配地位主要来自与用户的接入和使用相关的变量。从表现形式来看，平台经营者的市场支配地位的量化关注了平台能够产生的交易量，以及活跃用户的规模数量。但其背后的主要核心是用户对平台交易的依赖程度，或者是用户对平台为其提供交易机会的依赖程度。因此，平台可能产生的垄断风险则是基于吸引、固定和控制特定用户群体，当平台这种能力被构建并得以实施后，平台则强化了其在市场中的支配地位，进而产生了市场支配地位滥用的风险。例如，平台经营者的“二选一”是一个典型的滥用市场支配地位的行为，该行为的一个重要的特点是，平台通过“二选一”条款增加了一边用户在平台间切换时的转移成本，固定了一端用户的规模。在网络外部性的作用下，捆绑了另外一端或几端的用户接入，产生了“二选一”条款在平台范围内的连带效应，提高了平台的垄断地位，也增加了平台利用“二选一”条款来排除和限制市场竞争的风险。

第二，平台经济市场的新生产要素所产生的垄断风险。我们目前所关注的平台经济市场主要是形成于数字技术的快速发展的背景，在数字技术的助推下，平台经济市场中的生产经营活动大规模地运用了新的生产要素，即数据要素。

首先，平台经营者所提供的服务是基于信息的，用户接入并使用平台的主要动机是他们可以在平台互动过程中获得自己所需要的交易信息，并完成交易。而推动用户在平台上持续进行交易的因素是，用户可以持续地获得精准的交易信息，并实现高效的交易，进而获得收益。因此，平台的主要经营内容应是为接入的用户提供上述信息的匹配和对接，而数据承载了用户所需要的原始信息，平台则需要通过必要的数字技术嵌入帮助用户实现信息的获取。不难发现，平台之间的竞争虽然发生在用户市场中，但是，其背后的一个主要逻辑是如何能够在数据要素市场中获得竞争优势。这种竞争优势既可以表现在对数据“质”的提升，也可以体现在对数据“量”的获取。进一步地，数据的质量背后所蕴含的基础是平台需要具有经营所需的技术；数据的数量背后所蕴含的基础是平台是否具有足够的能力，帮助其获得可供收集数据的用户规模。我们在这里需要明确的是，平台提升数据质量的路径是单向的，主要来自平台自身的技术提升；但是平台提升数据数量的路径则是双向的，来自数据规模与用户规模（或交易体量）之间的相互作用。用户在平台上进行活动的同时，会“携带”数据进入平台，而数据所产生的信息价值又能够吸引用户接入，两者具有相互推动的作用，因此，平台间在用户市场中的竞争则会与他们在数据要素市场中的竞争高度地联系起来。换言之，在数据要素市场中能够获得较强竞争力的平台，通常都能够将这种力量转移到用户市场，帮助其获得较强的市场势力。

其次，从数据本身的特征来看，数据要素具有较强的准公共物品属性。平台经营者可以在技术和资金允许的情况下进入到数据要素市场，通过所接入用户的活动来收集与生产经营相关的数据，因此不难发现，平台经营者所进入的要素市场的初始环境是充分竞争的。加之平台经营者在相关市场内所提供服务的同质性（他们所提供的大多是为用户提供的信息对接和匹配的服务），使得平台经营者无法在要素市场和用户市场获得显著的相对竞争力，这便会滋生平台对数据要素进行垄断的动机。例如，平台可以通过约束用户在不同平台间对数据的携带和转移路径来降低数据要素在较大范围内的流动，通过数据或者用户与数据相关的行为的封禁来实现对要素的垄断。这种数据的封禁行为产生的直接效果是，封禁数据的平台相较于其竞争对手可以获得较大的数据要素优势，并将这种优势传递至用户市场。较强的数据优势赋予了平台更大的信息处理和信息匹配能力，进而吸引更多的用户接入平台进行交易。进一步地，数据封禁帮助了平台对在位竞争对手的排挤，同时也弱化了潜在的平台经营者或初创平台企业进入市场的能力，产生了排除和限制竞争的效果。虽然从反垄断规制的层面并没有具体的关于数据垄断的行为约束，但以《中华人民共和国反垄断法》（以下简称《反垄断法》）为例，其中第 9 条明确规定了“经营者不得利用数据和算法、技术、资本优势以及平台规则等从事本法禁止的垄断行为”，这一总括性的描述说明了数据可以被认定为经营者实施垄断行为的一个主要工具。这一表述十分清晰地突出了在市场经济活动中新兴业态的运行特点，即数据作为一种新生产要素的重要地位，经营者对数据的封禁会产生其行为层面的垄断风险。

第三，平台经济市场的新技术所产生的垄断风险。平台经济的顺利运行离不开数字技术的支撑，数字技术在平台经济市场中扮演的角色具有十分明显的双重效果。从正向的效果来看，数字技术帮助平台打破了时间层面和物理空间层面的限制，使平台可以在更大的范围内触及用户，将实体的市场转移至互联网所构建的网络空间中。平台的用户不必需要在交易的过程中承担交通成本、搜寻成本等间接成本，而是通过移动设备等数字化设施在一个统一的网络环境中完成交易，大幅度地增加了交易的效率，同时扩大了交易的范围。因此我们通常可以发现，平台经济所处的相关地域市场范围较传统经济要更广泛。此外，数字技术帮助平台经营者可以更加高效地进行经营活动。如上文所述，平台所进行的经营活动离不开对信息的处理，而巨大的相关地域市场又为平台聚集了大量的用户，产生了海量的数据。用户接入和使用平台的初始动机是在海量数据环境下获得有效且准确的信息，这就要求平台能够在短时间帮助接入的用户获取信息，数字技术的提升使平台可以实现对用户信息需求的精准匹配，提高用户使用效率，提升平台交易创造价值的规模。

但是，从数字技术可能带来的负向效果来看，数字技术的运行大多发生在经营者一侧，它所展现出来的大多是在用户群体中的应用效果，而其背后的运行机理并不会被用户充分感知。换言之，在平台经济领域中，存在着十分明显的技术不对称，经营者具有较强的技术优势。这种技术优势放大了市场中的信息不对称，增加了经营者利用技术优势和信息优势的道德风险，也即增加了经营者滥用技术的风险。正如我国《反垄断法》第9条所指出的，算法和技术都可能会成为经营者实施垄断行为的工具。例如，在传统经济市场中的垄断协议下，卡特尔成员需要投入较大的成本和精力来监管卡特尔内部成员遵守和执行垄断协议，这种成本降低了卡特尔的稳定性。而在平台经济中，算法基础上的共谋实际上高度运用了数字技术对垄断协议的实施，卡特尔成员无需进行过多的沟通和意思联络，只需要设定符合垄断协议的算法便可以以较低的成本完成共谋。此外，数字技术丰富了垄断行为的形式和内容，具有技术优势的经营者可以在与交易相对人进行联络的基础上，将其技术优势进行转移，以纵向联络的形式释放技术优势，帮助横向市场内的经营者完成共谋，形成一种中心辐射型的卡特尔。平台经营者通过数字技术，组织其平台内经营者形成某个维度的共谋，或者为这些经营者形成共谋提供实质性的帮助。在监管层面，这种技术不对称依旧存在，增加了对技术层面垄断行为进行监管的难度和成本，进一步降低了经营者实施垄断行为的机会成本，造成了较大程度的反竞争担忧。

# 第二章　平台经济的垄断形成机制

## 第一节　成本结构

平台经济市场与传统经济市场既存在共性，又具有明显的差异性。成本结构可以被视为平台经济相较于传统经济的一个主要差异。实践观察到平台经济市场中的企业在生产经营的过程中大多能够展现出边际成本递减的特征，使他们可以在短期比较有效地实现规模经济，这种现象是传统经济中鲜见的。相应的理论研究也支持上述结论，平台经济市场中的规模经济与市场内企业的成本结构密不可分。

具体而言，平台企业的生产经营通常具有网络效应（network effect）特征。使用平台企业所提供产品的用户构成了一个组群或网络，每一个用户可以通过同网络内的每一位用户的互动而获得效用。微信是网络效应的一个典型的实例，腾讯公司提供的微信可以被视为一种网络产品。用户使用微信的原因并不单纯来自微信本身为单个用户带来的功能和服务，用户同时能够通过使用微信与微信所建立的网络内的其他用户进行互动和交流，使每一位用户除了微信产品本身，还能够获得高效的即时通讯效率，满足了他们的沟通需要，提高了用户在使用微信时的效用水平。网络效应的独特之处在于它不仅为网络内的用户带来福利，同时，它也可以改变潜在用户对网络产品的价值预期。当一名潜在用户观察到网络产品所形成的网络规模持续增加时，该用户便能够预期其在使用网络产品之后，可以通过加入一个庞大的网络而直接获得较高的效用，进而强化了该潜在用户使用网络产品、接入网络的动机。因此，一个成功的网络产品像是一个“吸盘”，随着其用户规模的增加，不断地对潜在用户产生吸盘效应，牵引他们接入。

不难发现，从一个网络产品的诞生，到其发展逐渐趋于成熟，每一个阶段对潜在用户的吸引力程度是截然不同的。根据潜在用户对网络产品和网络规模的感知可以发现，一个网络产品愈加成熟，其构建的用户规模则愈加庞大，潜在用户接入网络的动机则愈加显著。换言之，网络产品拥有的在位用户越多，它便能够更加有效地吸引潜在用户的接入。因此，网络产品对用户的捕捉能力是随着其用户规模的增加而递增的。如果我们更加具体地表示网络产品的运行效率，则可以指出，一个网络产品吸引第 $n+k$ 名用户比吸引第 $n$ 名用户更加有效（其中 $k \geqslant 1$）。若从投放网络产品的平台企业的视角出发，该企业捕捉用户的能力递增于在位用户的规模，即捕捉用户的成本递减于在位用户的规模，这便是平台经济网络效应与企业成本之间的关联。

从一个经济学的视角来看，当平台企业捕捉第 $n$ 名的用户的成本为 $c$ 时，网络效应的存在使该企业捕捉第 $n+1$ 名的用户成本小于 $c$，呈现出边际成本递减的趋势。边际成本递减主要来自网络效应放大了企业所投放产品在消费者领域中的吸引力。或者可以刻画为，网络效应降低了一名潜在用户对网络产品形成的需求价格弹性，使价格或者间接成本对消费者接入网络的影响逐渐降低。虽然大多网络产品存在一种“免费”使用的情况，但是如产品间的替代性、使用的便利度等因素亦会成为扰动消费者动机的因素，而网络效应则在消费者效用层面弱化了消费者拒绝使用网络产品的动机。由此我们不难发现，网络效应实际上是帮助了平台企业更加有效地吸引消费者，进而降低了其边际成本。边际成本的降低量在一定程度上取决于平台企业投放的产品所激发的网络效应的多寡，当产品的网络效应明显时，该产品能够带来的边际成本减量则将更加显著。

如果我们进一步追问：网络产品的网络效应应当如何量化？梅特卡夫定律（Metcalfe's Law）可以给我们一个较为充分的答案。梅特卡夫定律将网络产品构成网络的价值（$V$）与网络规模联系了起来，网络规模涉及了该网络产品的用户数量（$N$）。从上述定性说明来看，网络价值应递增于用户数量，梅特卡夫定律从定量的角度进一步回应了这个问题。具体而言，梅特卡夫定律可以表达为：

$$V = K \times N^2$$

其中 $K>0$ 刻画了这个网络的价值系数，例如，网络产品本身的价值属性、用户在不同产品间可替代的程度等。从梅特卡夫定律蕴含的数学原理来看，用户数量的增加不仅可以增加网络价值，而且这个增量是递增的。例如，当用户从 5 人增加到 6 人时，网络价值将从 25*K* 增加到 36*K*，增量为 11*K*；当用户从 6 人增加到 7 人时，网络价值将从 36*K* 增加到 49*K*，增量为 13*K*，很明显，网络价值呈现了关于用户数量递增且边际递增的趋势。图 2－1 部分地解释了这个问题：当网络产品用户仅有 A 和 B 时，他们构成的连接数量仅有 1 条，而当用户 C、D 逐次接入网络时，他们的连接数量则逐渐增加到 3 条和 6 条。网络效应帮助用户构建了可以实现交流的场所，提高了用户使用这个网络产品所获得的效用水平，使这个产品在其用户市场中的价值得以提升。除了上文所讨论的网络产品如微信以外，传统的网络产品如电话、传真，数字经济下的网络产品如电子邮件、（多人互动）网络游戏都能够运用梅特卡夫定律来进行解释。

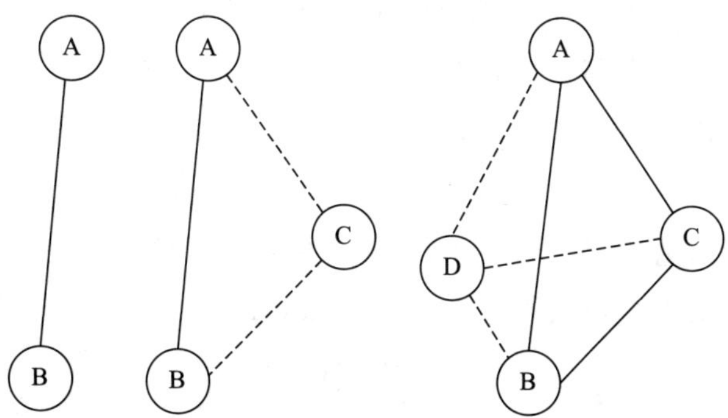


**图 2－1　梅特卡夫定律下 2 名用户增至 4 名用户时的连接数量变化**

当网络价值随着用户数量边际递增时，潜在用户对网络产品的认知则发生了动态的变化，这种变化在梅特卡夫定律的作用下也呈现出一种递增的趋势。换言之，随着网络规模的增加，同样的网络产品对潜在用户的吸引力也是边际递增的，这便会使潜在用户接入网络的数量形成边际递增的状态。如果将潜在用户的数量表达为$N_O$，根据梅特卡夫定律，$N_O$是随着$V$的增加而递减且极有可能边际递减的。因此，一个网络产品的价值增加不仅来自在位用户通过提升网络规模而形成的直接促进效果，同时还来自在位用户对潜在用户的吸引，吸引潜在用户快速地接入网络，放大网络规模产生的网络价值水平。

网络效应和边际成本降低是解释平台经济成本结构的主要工具，但这是否是平台经济成本结构的全部？平台企业的成本大致由固定成本（fixed cost，FC）和可变成本（variable cost，VC）组成，上述关于边际成本递减的现象影响了企业的可变成本，而并不会显著地改变固定成本。但如果我们将两类成本汇总成平台企业的总成本（total cost，TC）时，则可以将企业的成本结构和网络效应进一步联系起来。平台企业的总成本可以表达为：

$$TC = FC + VC$$

当企业在某一个时点的用户数量位为$N$时，则企业此时为每一位用户提供服务的平均成本（average cost，AC）则为：

$$AC = \frac{TC}{N} = \frac{FC}{N} + \frac{VC}{N}$$

通过平均成本的公式我们可以发现，平台企业与传统企业成本结构并无巨大差异，但如果我们从消费者数量来看，两者还是存在较为明显的不同。具体来说，传统经济下的客户数量是随着产品或服务的销售而生成的，且大多呈现一种线性增长的趋势；平台经济下的用户数量虽然也是随着网络产品的销售或传播而生成的，但是，由于网络效应的存在，用户数量的增加呈现了边际递增的趋势（见前文梅特卡夫定律所展现的结果）。因此，在平台经济下，企业的平均成本随着用户数量的增加而递减的趋势相较传统经济则更加明显。

此外，我们可以从消费者的视角来进一步观察上述问题。传统经济模式下的消费者之间虽然存在着一定的联系，但是他们在消费决策方面依旧具有较为明显的独立性，即一名消费者的消费并不会显著地影响其他消费者的消费决策。但在平台经济下，网络效应会使每一位接入网络的用户都能够为在位用户和潜在用户带来明显的影响。对在位用户而言，新进的用户会提升他们使用网络产品的直接效用。对潜在用户而言，新进的用户会增加他们使用网络产品的预期效果。因此，消费者群体间的相互牵引也是降低平台企业平均成本的一个主要原因。在 Shapiro 和 Varian 撰写的 *Information Rules：A Strategic Guide to the Network Economy* 一书中指出，信息的生产是高成本的，但复制是低成本的。[1]从经济学视角解读，信息产品具有高固定成本、低边际成本的特征。平台经济事

---

〔1〕 C. Shapiro，H. R Varian，*Information Rules：A Strategic Guide to the Network Economy*，Harvard Business Review Press，1998.

实上是这个特征的具体展现，平台企业为用户提供的网络产品实际上是一种传递信息（主要指数据，详细介绍见后文）的网络，使用户的信息传播过程更加便利和高效，进而给用户带来了基于通讯、沟通、交流和互动的效用。借用信息的特征，平台企业的成本结构也具有这种高投入成本、低复制成本的特点，他们投入较高的固定成本，如开发产品、投产设备、建立研发团队等，由此形成了一套完整成熟的网络产品，在显著的网络效应下，产品在消费者群体中的传播是由消费者群体内部的相互影响而推动的，并不需要平台企业为其投入像固定成本一样的成本体量。

除此之外，让我们进一步地从网络产品的用户视角来审视网络效应给消费者群体带来的影响。网络效应给消费者增加了一种粘性，使消费者可以主动地附着在他们所接入的网络产品上。比较狭义的消费者粘性通常表达了消费者对某种产品或品牌的忠诚度，使消费者自发地频繁使用该产品。网络效应下的消费者粘性具有广义的特性，它使消费者放弃产品的机会成本增加。考虑一名在位用户，他已经从网络产品所构建的网络中获得了明显的效用，这同时也说明了当这名消费者离开网络后，他将失去既得收益，这种收益即他的机会成本。当网络效应足够强时，消费者的机会成本显著增加，弱化甚至消除了消费者放弃网络产品的动机。即便市场中存在一个或多个与该产品类似的其他产品，若消费者没有一种大规模转移的群体行为，则机会成本会持续性地存在。

在数字经济快速发展的过程中，互联网和移动智能设备使消费者使用网络产品和接入一个网络更加便捷，降低了消费者使用网络产品的成本。这说明了网络产品捕捉消费者的路径将更加畅通，平台企业能够更加便利地吸引潜在用户。这个特征使平台企业的收益和用户的机会成本呈现比较明显的不对称，平台企业可以在短期快速地获得用户接入而带来的收益，但同时，用户会因为网络效应的存在承担较大的机会成本。上述不对称成为了平台企业在成功进入市场后能够获得市场势力的主要原因。

市场势力给平台企业在竞争方面带来的优势主要在于网络效应、成本结构与竞争策略之间的逻辑关系。当某个平台企业成功地优先进入市场时，它投放的网络产品会快速地捕捉市场中的消费者。此时企业的优势在于它处于动态博弈的先行者地位，并未受到较大的竞争阻碍，享受到先行者优势（first-mover advantage）。当平台企业捕捉了足够大体量的用户时，网络效应也自然而然地构建起来，产生了两层关于成本的效果：其一是平台企业的平均成本大幅度降低，为其在未来形成良好的竞争优势奠定了基础；其二是网络效应强度的增加提高了在位用户的转移成本，放大了消费者接入的网络产品的粘性和潜在竞争力。在这种情况下，其他的平台企业通过投放网络产品进入市场时，他们则不会出现像先行者一样获得成本优势的基础。如图 2 –2 所示，当竞争平台企业进入市场后，它所面对的市场是由在位用户和潜在用户组成的，而它吸引两类用户都受到不同程度的阻碍。对于在位用户而言，已经存在的网络产品会增加他们的转移成本，网络产品形成的粘性降低了他们选择竞争平台的动机；对于潜在用户而言，在位用户为他们提供了接入现有网络产品的效用，即潜在用户会选择那些网络效应明显的产品，弱化了他们接入新网络产品的动机。

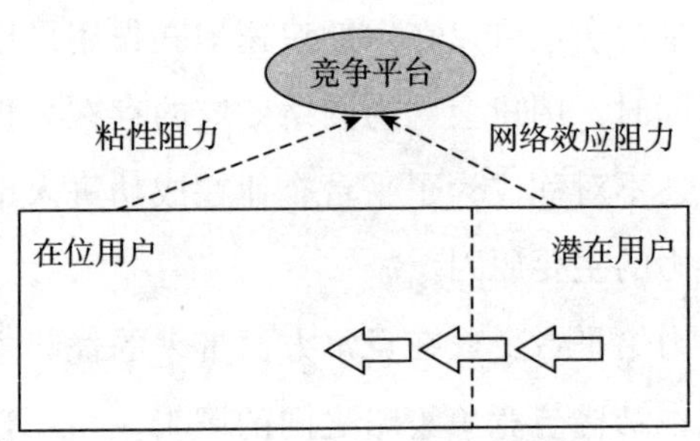


**图2-2　平台竞争与消费者接入动机**

当竞争平台进入市场后无法在短期获得充分规模的用户时，它则不能够形成在位平台所经历的成本递减的过程，使它无法与在位平台进行有效的竞争。即便消费者可能在两个或多个平台间进行多归属，但是消费者依旧会将其更多的活动放置在那些网络效应较强的平台上，使个别的平台可以在较长的一段时期内持续地保有大量的用户，这也是在很多平台市场中呈现“一家独大”“赢者通吃”的主要原因。这种竞争格局导致了很多平台经济市场并不会存在大量的竞争者，使这些市场具有较高的市场集中度，呈现出寡头竞争的格局。因此，一些平台企业在竞争过程中会选择差异化竞争和多市场布局的策略来捕捉消费者。

传统的产业组织理论认为，产品的差异化是给企业带来竞争优势的主要原因。因为消费者在面对差异化产品时，他们的决策会受到不同产品带来的不同效用的影响。当消费者选择某个产品时，他自然而然地会放弃另外一些差异化产品为其带来的效用，即形成了机会成本。因此，无论是横向产品差异化还是纵向产品差异化，都能够使消费者形成一些程度的分流。此外，平台企业的多市场布局通过基础产品、根据消费者的偏好进行了服务和业务上的延伸，增加消费者在同一个平台上获得互补业务带来的效用，进而提高消费者接入的动机。例如，在线票务服务平台的主营业务是在线票务服务，但是它可以根据消费者的出行偏好将业务延伸至酒店预订、交通出行、旅行保险等方面，通过这种相互补充的业务提高消费者在同一个平台上选择特定产品时的体验度，进而实现吸引消费者的目的。

上文所讨论的是关于网络效应和成本结构的关联所展现出的平台企业在市场竞争中的特征，而恰恰是这个特征带来了平台经济市场中以成本为主要因素的反竞争担忧。

首先，用户规模是平台企业阻碍有效竞争的基础。对于在位的平台企业而言，长期持续地保有大规模的用户体量是保障自身市场势力和竞争力的核心，因此，为了保持自身的市场势力甚至是垄断地位，在位平台存在控制用户、降低用户转移意愿的动机。在平台经济中，用户的粘性背后存在着用户的锁定效应，用户锁定可以来自网络效应，使用户自发地降低向其他平台转移的意愿。同时，用户锁定也可以来自他们所承担的转移成本，当平台企业对用户在转移的过程中施加某些成本时，用户的转移难度将显著增加。例如，用户在转移至其他平台时，他们在现有平台上的数据无法充分携带，增加了用户在潜在平台上建立连接、保持效用水平的成本，我们可以将这种来自数据可携带难度而产生的成本视为一种转移成本。当平台企业对用户数据可携带权进行干预时，则削弱了竞争平台企业获得用户的能力，放大了网络效应对用户的锁定，使市场中平台企业间的竞争趋于无效。

其次，数据规模是平台企业限制竞争的工具。如上文所述，平台企业间关于网络产品的竞争类似于关于信息的竞争，作为数字经济的一个重要的展现形式，平台经济市场中的企业也大量地依赖数据要素开展生产经营活动。作为信息的重要载体，数据则成为了平台企业竞争的一类重要的工具。数据是用户在网络中的活动所产生的，它既可以成为平台企业进行再生产活动中的重要资产，又能够成为提高用户福利的重要资源。从用户的视角出发，用户更加偏好那些能够为自己带来精准化服务的产品，而数据则是发掘用户差异化偏好的重要工具。因此，数据垄断便成为在位平台限制和排除市场竞争的一条路径。进入市场的竞争平台需要数据作为其主要的生产要素实现收益，一方面补偿其开发产品的固定成本，另一方面，用以满足其跨越市场门槛的需要，当竞争平台进入市场后无法获得充分收益来补偿其成本时，市场进入将逐渐萎缩，使市场的可竞争性程度大幅度降低。换言之，数据的垄断可能帮助在位平台关闭市场的“大门”，使市场趋于封闭，进而稳固其垄断地位，限制市场竞争的出现。

最后，流量规模是平台企业损害利益相关者福利的路径。市场中的反竞争效果是一个动态的过程，一个不具备垄断地位的企业通常无法充分实施其市场势力而获得垄断利润。因此，市场中的反竞争效应首先涉及了企业排除和限制市场竞争的行为，其次涉及了垄断企业损害消费者福利和社会公共利益的行为，我们将后者视为一种关于垄断企业损害其利益相关者福利的行为。流量是包含平台企业在内的所有平台经济市场中的经营者高度关注的一个因素，具有较高流量的平台通常能够收获更大的用户关注度，这种关注度是很多平台内经营者如广告商、第三方业务提供商所需要的，他们可以通过接入高流量平台将自身的信息和产品释放出去，以获得更大的收益。如图 2 - 3 所示，当平台企业从用户群体中获得巨大流量规模时，它则有能力将这种流量规模释放给广告商等平台内经营者。这种能力并不单纯指平台企业释放流量的自主性，而在于平台释放流量的同时对平台内经营者关于交易条件的设定，如对平台内经营者接入平台的费用的制定。具体来说，当平台能够释放的流量规模增加时，它在平台内经营者群体中的不可替代性则越强，赋予了平台更强的定价能力，进而增加了平台内经营者接入平台的成本。当这些经营者借助平台与用户进行交易时，则又一次将这种成本转移给了用户，形成了成本向用户的溢出，降低了用户接入平台的福利水平。

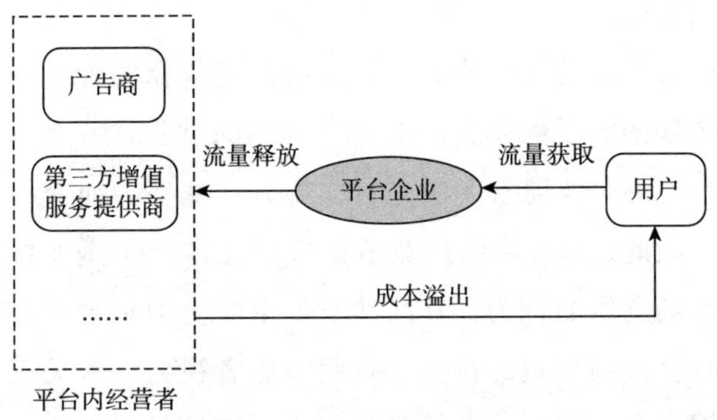


**图 2－3　平台流量与成本溢出**

## 第二节　价格机制

平台经济市场中的平台企业开展生产经营的主要手段大多是为用户提供服务。具体来说，平台企业作为一种围绕某种特定信息的中介，为不同组群的用户提供信息对接、筛选和匹配的服务，使不同的组群可以围绕特定产品的信息在平台上进行整合，进而完成交易或某种互动。在此基础上，平台企业为交易提供配套的附属服务，例如，支付服务、监督服务、物流服务、售后服务等。以电商平台为例，电商平台企业在大多数情况下并不直接地提供服务（平台自营业务的情况见后续章节讨论），所以电商平台并不完全具备零售商所具有的特征，平台只是将卖家所提供的产品信息通过有效的形式传递给买家（有时也会将买家的需求信息传递给卖家），实现买卖双方在平台上的有效交易。

如前文所述平台是关联各个用户群体的双边市场。如电商平台和外卖送餐平台的卖家和消费者、网约车平台的司机和乘客、视频平台的内容提供者和观看者（当然，后文我们会进一步探讨诸如视频平台的多边市场模式）。当平台所连接的不同用户群体的相互依赖程度逐渐提升时，平台则可以较为有效地实现这些用户对平台自发的接入。因此，用户是否接入平台的主要影响因素是，他们能够在平台上感知到的对边用户的特征和规模。当用户对对边用户存在交易上的依赖性时，则对边用户规模的增加可以增强本边用户的接入动机，进而增加本边用户的接入规模。我们需要明确的是，类似于上述网络效应，用户的自发性接入并不单纯地是由于平台本身为他们提供的功能，更重要的是，他们接入平台后可以更高效地获得另一边用户为他们带来的产品或服务。

网络外部性和网络效应中的“网络”都是一种较为广义的概念，它并不完全指代互联网络（Internet），而是同组群用户内部或不同组群用户之间所构成的一种联络空间。网络外部性与网络效应的主要不同是，前者更加关注了不同组群用户之间联络空间内的互动关系。这种互动关系不仅在于两组用户之间的吸引，即一种“拉动”效应，同时也包含了某组用户对另一组用户的排斥，即一种“推动”效应。因此，网络外部性更加宽泛地包含了正向的和负向的网络外部性，而网络效应则更多地关注一种正向的网络效应，即组群内的用户之间的相互吸引。这主要是因为，对于同一组群用户而言，网络产品所形成的网络更像是一种公共物品或“公共地”，他们的不断接入是公共地的非排他性带来的，数字技术使公共地在用户不断接入时所产生的诸如网络拥塞的负外部性逐渐降低，推动“公地喜剧”效果的形成（于立、王建林，2020）。[1]

综上，网络外部性具有非对称的特性，这种非对称来自两个方面：其一是用户间的偏好各自具有依赖对方、排斥对方两个相反的方向，如一组用户对另一组用户是依赖的，另一组用户可能依赖本组用户也可能排斥本组用户；其二是用户间的偏好程度是具有明显差异的，如一组用户对另一组用户相较于另一组用户对本组用户来说具有更高的依赖程度。整体而言，只要两组用户没有形成相互排斥，平台企业都可以为他们提供对接和匹配的服务，且此时平台可以利用对不同组群的价格制定来平衡上述关于网络外部性的不对称程度。

就平台的价格机制而言，它既是平台企业获得利润的主要途径，又是平台企业可以协调具有非对称网络外部性用户接入动机和平台活动的主要手段。从平衡非对称网络外部性的视角来看，平台对用户制定的价格是用户接入平台的成本，通过调整价格可以调节不同组群用户接入平台的成本，进而影响他们接入平台的动机。具体而言，对于那些接入动机较弱或转移动机较强的用户，平台可以制定较低的甚至趋近于零的价格来吸引这些用户；反之，对于那些接入动机较强或转移难度较高的用户，平台可以制定较高的价格。首先，对

---

〔1〕于立、王建林：《生产要素理论新论——兼论数据要素的共性和特性》，载《经济与管理研究》2020年第4期。

前者制定较低的价格主要是由于这些用户可能具有关于给定平台的高需求价格弹性或不同平台间的高交叉价格弹性。高需求价格弹性会使用户在面对价格微量上涨时大幅度地降低需求，高交叉价格弹性会使用户在面对价格微量上涨时大幅度地向其他平台转移。它们的共同效果则是用户在观察到价格上涨时的流失，因此，制定低价格实际上是通过降低用户接入成本而实现吸引用户、保留用户的目的。其次，对后者制定较高价格的主要原因是，这些用户大多呈现了对平台交易、对边用户较强的依赖性。这种依赖可以来自平台本身在市场中的主导地位，也可以来自对边用户为其带来的支撑性交易体量。因此，当价格显著增加时，这些用户并不会产生过多的流失。最后，平台制定差异化的价格也可以有效地满足其利润目标。平台对价格敏感用户制定较低价格大多会为平台带来较高的成本，而那些对价格不敏感的用户则发挥了对平台进行成本补偿的功能。

我们通常将上述平台这种非对称特征下的定价机制称为倾斜式定价。通过上述分析不难发现，平台企业对不同用户群体的定价并不完全按照基于成本的形式来完成，换言之，平台对每一位用户的定价与服务该用户的成本关联性并不紧密。导致这一结果的主要原因有以下两点：其一是由平台企业的成本结构造成的。平台企业的成本明显地聚集在固定成本上，而服务每一位用户（尤其是在用户规模持续增加的过程中）的成本并不高，且处于边际递减的状态，使平台围绕平均成本对用户定价的功能性弱化。其二是由平台经营的特征造成的。用户接入平台的动机会受到价格的影响，但是价格并非是一个核心的因素。用户的接入更加追求平台能够为他们带来的交易机会，换言之，用户在平台上期待是否能够与其他组群的用户实现更大程度的交互。因此，网络外部性的强弱导致了平台定价的高低。具体而言，平台会对那些网络外部性影响更加显著的用户制定较高的价格，对那些受到网络外部性影响较弱的用户制定较低的价格。

依旧以电商平台的定价为例，电商平台以提供商品信息完成买卖双方交易为主要业务，其呈现了双边市场格局。平台通常向卖方制定价格，如接入费用或抽成费用，而不对买方收费，展现出比较明显的倾斜式定价的特征。虽然买卖双方在电商平台都具有了正向的网络外部性，但是两者相互依赖的程度不尽相同。对于买方而言，他们通常会有除了目标电商平台以外的其他购买选择，例如，其他竞争平台、线下购买等，使买方在交易行为上的可选择空间更大，他们能够用其他交易方式来替代目标平台的可能性更大，进而使他们更加关注了接入平台的成本而并不担心不接入平台是否会失去大量的交易相对人。因此，在接入平台过程中，买方具有比较高的价格弹性。反观卖方一端，一方面，开展线下经营活动需要承担大量的成本，使他们更加依赖线上销售渠道；另一方面，相较于买方而言，他们更加需要一个高效的渠道传播产品信息，而平台则具有了这种有效信息传输的功能。结合上述两个特点，卖方则相对于买方而言更加依赖平台交易的形式，使他们的价格弹性明显降低，也就给平台在卖方市场带来了比较显著的市场势力，使平台在卖方市场制定价格的空间十分灵活。这里我们还需明确的是，平台经济中的多归属性使买卖双方都能够在没有外界干预的情况下接入多个平台，但卖方在多归属下的成本更高，且他们无法顺畅地将在位平台的客户信息携带至其他平台，导致了卖方不能像买方一样通过彻底转移而增强自身相对于平台的谈判力量（bargaining power）。这一点也进一步体现出，电商平台通过倾斜式定价的模式来运用网络外部性实现盈利的机制。

在现实的观察中，单纯的以双边市场为经营模式的平台并不多见，很多平台都是以一个基础的业务作为出发点，在基础业务成熟后开展多个业务的延伸，我们可以将这种模式称为平台的多市场布局。多市场布局造就了诸多代表性的超级平台，根据国家市场监督管理总局于 2021 年 10 月公布的《互联网平台分类分级指南（征求意见稿）》，超级平台具有超广的业务种类，例如，超级平台的核心业务至少涉及两类平台业务。多市场布局的展现形式较为丰富，从传统产业组织理论的视角来看，多市场布局类似于一种平台的品牌延伸（brand stretching），平台通过自身的主营业务或者平台自身的品牌价值开展新业务的延伸。用户基于对平台初始价值的判断（通常是正向价值判断）对平台新业务进行选择。由于用户的价值判断能够为平台新业务带来初始的增值效果，因此平台开拓新业务能够获得其初始价值的促进，具体体现在开发新业务成本降低方面。

从平台经济本身特征来看，多市场布局是平台运用了其成功业务所聚集的用户规模和数据体量开展互补性业务的延伸。所谓互补性的业务并不单纯的在于两类业务之间存在着互补关系，同时还涉及平台已经聚集的用户和掌握的数据能否便利地在新业务开展中继续实现规模经济，激发网络外部性，进而带来收益。因此，多市场布局可以被视为一种在初始的网络外部性基础上，不断地在不同业务上去激发用户价值的过程。

多市场布局将平台的经营模式从双边市场转变为多边市场。从广义上讲，对多边市场的解释是，以平台为中心连接了多个用户群体，实现多个用户群体在平台上的互动。关于多边市场比较狭义的解释涉及了多个用户群体的互动模式，它可以是一组用户（主要是消费者）在平台上与多种产品提供者之间的互动，也可以是不同组群用户（包含但不限于消费者）在平台上相互影响的过程。如图 2 -4 的左图所示，消费者与多个业务下的卖家进行互动的多边市场更加类似于平台的品牌延伸，平台企业利用消费者规模开展多个相互独立的业务，使平台上初始存在的网络外部性在多个业务内实现延伸，例如，美团、携程、京东等平台。

如图 2 -4 的右图所示，不同用户围绕平台进行的互动更加倾向于由平台提供一个多群体交互的载体，利用不同用户群体间的相互依赖关系完成交易。在这种模式下，用户之间依旧存在着十分明显的网络外部性，但是不同的用户群体间的网络外部性可能出现比较明显的不对称，如用户 A 与用户 B 之间相互具有正向网络外部性，而用户 C 对用户 A 存在正向网络外部性、同时用户 A 对用户 C 却具有负向网络外部性，即用户 A 接入平台是因为用户 B（而非用户 C）大规模的存在，而用户 C 接入平台是因为用户 A 大规模的存在。通常以一种网络社区形式存在的多边市场平台具有这种特征，例如，抖音、小红书等。

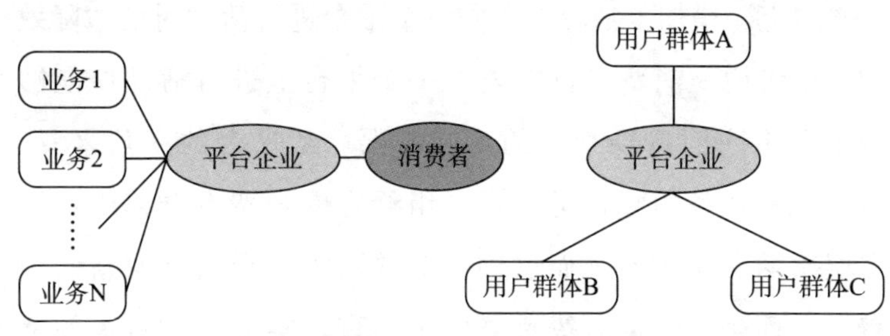


**图 2－4 多边市场平台**

上述第一类多边市场（即图 2－4 中左图所示）通常具有动态发展的特点，平台的多个业务并非是一蹴而就的，而是在第一阶段通过一个或少量几个业务稳固自身的市场，实现吸引和锁定消费者的目标。在这个阶段中，平台的定价遵循了倾斜式定价的特征，对价格敏感的组群（通常是消费者）制定较低甚至是零的价格，对价格弹性较低的组群（产品或服务的提供者）制定较高的价格实现自身盈利。

在第二阶段中，平台会基于现有的用户基础开拓新的业务，其中也可以包括平台的自营业务和自营产品。在这个阶段中，平台在卖家一端的市场势力主要来自两个方面：首先，平台已经在其初始业务中稳固了消费者规模，这一点是新接入的卖家所高度关注的。在网络外部性的作用下，新进入的卖家会更加得益于平台为其带来的消费者体量，进而提升了这些卖家在接入平台后的转移成本，强化了平台在这些卖家中所形成的定价能力。其次，平台可能在扩展新业务时优先选择那些与现有业务互补性较高的业务。从消费者的视角来看，互补性的业务是将消费者的多个消费场景聚集到了同一个平台上，增加了消费者在同一个平台进行活动时的边际效用。或者说，消费者仅需要在一个平台上进行活动便能够满足在不同消费场景中的不同需要。从平台的视角来看，这种多种业务的整合可以在一组给定的消费者群体中获得多层次的交易收益，而这种收益并不需要重新开发新的消费者，而是在既定消费者群体中实现，实现了平台上的范围经济。此外，平台的范围经济可以体现在平台的经营成本上，具体来说，范围经济可以帮助平台在通过多个业务服务一组或一类消费者的过程中获得更大的成本节约。当平台能够将节约的成本转移至消费者时，消费者则可以从多边市场模式下获得一定程度的效用增进。当消费者从多边市场平台上获得更大的效用时，则进一步提升了其对平台的依赖程度，增强了平台对消费者的锁定效果。

上述第二类多边市场模式（如图 2 –4 的右图所示）则展现了不同的定价特征，接入平台的用户群体并不一定具有对应的网络外部性，而是形成了一种类似“社区”的相互依存关系。以视频平台为例，包含但不限于短视频平台、综合视频平台、游戏直播平台等，社区的主体是以视频为主体的内容产品的提供者和观看者，平台通过对内容产品的接收和传播增加自身流量，并将流量释放给依赖流量的用户群体，例如，广告商和第三业务提供商。在这个过程中，平台依旧经历了两个过程：其一是通过某种业务收集和积累流量，其二是将积累的流量释放给需要流量获得收益的另外一个群体。在这种情况下，服务消费者就不再是一个基于网络外部性吸引卖家集团的核心路径，而更多是平台运用消费者和另外一个集团的互动形成流量，并将流量“销售”的过程。在这个过程中，围绕核心产品的两个集团（如视频提供者和视频观看者）则并不会直接为平台带来利润，而是他们在互动过程中所形成的流量成为了平台获得利润的要素。这种模式下的平台定价较上一种模式相对简单，平台通常在那些需要大规模流量的群体中进行定价，而其定价的能力主要来自它能够从提供流量的群体中获得流量的能力。当平台可以通过服务用户聚集更多流量时，第三方用户接入平台获得的潜在收益则随之提升，一方面弱化了这个群体相对于平台的议价能力，另一方面，也增加了这个群体向其他平台转移时的机会成本。

平台经济中，来自价格方面的反竞争担忧相对复杂，它一方面涉及了通过价格实现平台企业排除和限制竞争的可能性；另一方面，涵盖了具有市场支配地位的平台企业通过价格损害利益相关者福利的可能性。具体可以从以下三个方面展开：

第一，倾斜式定价模式使不公平定价行为风险加大。如上文所述，在倾斜式定价模式下，平台在收费一端的用户群体中的定价能力来自平台在这一端的市场势力，而平台的市场势力并不完全由其成本优势决定，换言之，平台在这一侧的市场势力背后的勒纳指数（Lerner index）中可能涵盖了其他的因素。[1]这个因素主要是由平台所接入的另一端用户规模决定的，当平台能够为收费端的用户带来较多潜在用户时，收费端的用户则能够从平台上获得更多的交易机会，进而进入到更大的价值空间。从收费端用户的经营视角来看，当平台能够为他们带来更多的交易机会时，接入该平台的潜在收益将增加。或者说，转移至其他平台的机会成本将增加，这使得收费端用户对平台的依赖程度提升，也进而提升了平台相对于这些用户的议价能力。因此，平台对收费端用户的定价水平并非单纯地受到了平台成本的影响，同时还受到了平台聚集另一端用户规模的影响。当平台利用低价格或补贴吸引了大量另一端用户（即该平台中的免费端用户）时，它便可以高度偏离其成本对收费端用户进行定价，而这个价格很可能会极大程度地降低收费端用户的福利水平。当两端用户在平台上进行交易时，为了弱化成本带来的压力，收费端用户很有可能会通过涨价的形式将平台价格转移至免费端用户身上，进而形成了费用的转移，降低了免费端用户的福利水平。

第二，多市场布局策略使差异化定价行为风险加大。如上文所述，当平台形成成熟业务后，会通过增加互补的业务形成多市场布局的模式，提升利润空间。多市场布局下的业

〔1〕 通常情况下，经营者的勒纳指数 $L$ 可以表达为：$L=\frac{p-mc}{p}$，其中 $p$ 和 $mc$ 分别代表了经营者的价格和边际成本，从勒纳指数中可以看出，该指数与经营者的定价能力呈现正相关。

务不乏平台的自营业务，自营业务与平台的匹配业务具有十分明显的不同。自营业务下的平台已经不再具有明显的平台经营模式，更多转变为销售模式，因此，平台通过自营业务的盈利手段将从激发用户间网络外部性为主导转向以价格竞争为主导。与平台竞争的经营者则是那些提供与自营业务相互替代的卖家，而平台在其主营业务的基础上又聚集了大量的用户，为其提供了较强的数据优势，平台则能够利用这些数据为其自营业务提供较好的定价信息。自营业务的有竞争力的价格通常来自平台对买方价格弹性的识别度，大数据则能够为平台提供上述基础，使平台在自营业务下的定价相较于其他平台内经营者（第三方卖家）更加具有信息上的精准度和针对性，使平台能够获得充分的价格优势。但其背后的风险在于，平台会产生关于自营和中介两个业务的差别对待，这种差别对待在买方视角来看是一种价格差异，在卖方视角来看，实际上是平台可能实施的关于数据的不公平使用，这里我们可以初步将其定义为平台的数据滥用行为。[1]平台关于数据的滥用行为弱化了第三方卖家在平台上实现公平竞争的可能性，使平台在自营业务上获得更大的市场势力和商业利润，产生了排除和限制第三方卖家竞争的风险，在平台经济市场的实践观察中，我们通常将这种行为称为平台的“自我优待”行为。

第三，多边市场模式增加了掠夺性定价的可能性。市场

〔1〕 数据滥用的问题，将在本章第三节详细探讨。

竞争和市场的可竞争性是保持市场活力和企业创新动力的重要因素，平台的多边市场模式使平台上互动的用户群体之间的网络外部性趋于复杂和多样，使平台的定价更加灵活，换言之，平台运用多边市场用户之间多样的网络外部性实现盈利的空间维度更加丰富。当平台接入的用户群体足够大，并使其网络外部性的“交织”十分丰富时，则更加能够撬动平台定价的倾斜性。这种倾斜性一方面体现在较高的接入价格，另一方面，也可以体现在对价格敏感一端的用户所制定的更低的价格，或是更大的补贴。在平台经济市场中，几乎关于所有的业务的竞争都离不开消费者的接入，在平台竞争过程中，消费者具有十分明显的多栖性，平台通过较大的补贴和多市场布局的协同性使消费者能够在行为上自发地趋向单归属。就竞争平台而言，当他们无法在短期获得消费者和数据或流量时，他们则无法吸引能够为他们带来实际利润的第三方用户，使他们在初始阶段投入的成本部分地转变为沉没成本，最终退出市场。当竞争平台逐渐退出市场或潜在的竞争平台无法顺利进入市场时，平台经济市场的集中度则显著增加，这将培育更多的市场内的头部平台，强化他们控制市场的能力，进而产生潜在的损害消费者和其他利益相关者的风险。

## 第三节　数据要素

数据是数字经济和平台经济领域中的重要生产要素，从表现形式来看，数据是信息的载体，当平台企业获得数据之后，才能通过分析和解读数据实现信息的获取，进而从信息嵌入生产经营的过程中获得利润，这也是数据价值化的主要路径。但从生产要素视角来看，数据又具有了同传统生产要素十分不同的特征，其中最重要的一项特征是数据自身展现出准公共物品的属性。具体而言，数据具有非完全排他性和非完全竞争性的特点。非完全排他性指的是同样一组数据能够在给定条件下在多个主体间使用和分享；非完全竞争性指的是同样一组数据能够在给定条件下同时在多个主体中使用，且数据产生的边际价值并不会被大幅度地折减。而上述特征并不会发生在诸如土地、资本、劳动力等传统生产要素上。其主要的原因是，数据本身来源于市场中的各个参与者，在特定的数据权属下，任何经营者都能够获得并使用数据；此外，数据的可复制性和可叠加使用性使同样的数据能够被重复地、同时地使用，而其所承载的信息并不会因为使用者数量的增加而折减，反而数据的价值很可能会在使用过程中得到增加。

从数据价值化的视角出发，作为数字经济中重要的生产要素，数据既表现出了与传统生产要素在传统的“投入—产出”模式上的共性，又展现出了技术依赖与信息虚实结合的特性。现有关于数据价值创造的表现形式的研究主要关注数据本身的价值贡献，即数据要素的剩余价值，以及数据的使用价值，即数据要素通过优化生产经营的各个环节来提升效率，进而创造价值。但是，目前学术界大多认同的观点是，数据要素并不能脱离数据技术而独立存在，数据要素也不能离开数字技术的渗透而独立产生价值。这主要是由于在数据价值化动态过程所涉及的数据的收集、整理、挖掘和分析等环节中，数字技术都直接决定了数据的规模和质量，而数字技术下的算法和算力则成为了影响数据价值的重要因素。从微观视角来看，数据作为生产要素的价值化应是数据所蕴含的信息与数字技术在企业组织能力、业务流程、信息系统质量上的优化，进而提高生产率水平的重要过程。

聚焦数据价值化与传统生产要素价值化的差异，数据价值化具有如下特征：

首先，数据价值化具有多维度的技术特征。数据的种类繁多、来源复杂、信息量庞大，为数据的使用者带来了多元的使用价值。不同的使用主体、不同的使用目的，使同样的数据产生了多元化的价值。同时，数据要素的价值化兼具了对传统要素的依赖性和渗透性，一方面，数据虽然是一种关于信息的虚体表现，但是它不能够完全脱离传统要素的实体来激发其自有价值，数据价值的激发依旧是需要依赖传统要素作为基础来体现的；另一方面，数据价值同样可以通过与传统要素的相互补充、相互协调实现生产要素的优化和再配置，在生产经营中形成价值创造和价值辐射。

其次，数据价值化具有多角度的经济特征。作为信息的主要载体，数据突破了传统要素有限性和实体性的障碍，形成了明显的可复制、可叠加、可重复使用的特点。数据要素的准公共物品属性带来了数据本身的非完全排他性和非完全竞争性，使数据在使用过程中能够产生较为明显的外部性。

数据的外部性具体表现在，数据在开发和使用的过程中可以形成比较明显的价值溢出，使数据可以建构起利益相关者的网络，并在网络效应下构成数据价值的外部性，使其价值可以在网络中形成明显的正外部性，突破了传统要素价值生成的边界，产生更加突出的规模经济。

最后，数据价值化具有多层次的创新特征。数据价值化的生成不仅来自数字技术创新带来的单向促进，同时数据价值化也能够带动数字技术在数字经济发展、要素市场配置、商业模式优化等方面的创新。当数据需求规模与数据相关技术、管理、市场等要素的发展出现错位时，数据将停留在信息“孤岛”中，无法充分实现价值激发，造成了创新“孤岛”。这便推动了不同主体对数据相关的多层次的要素不断地开展创新活动，提升技术创新在数据价值化过程中的决定性作用。

根据中国信通院发布的《数据要素白皮书（2022 年）》，数据实现价值化的路径是随着信息技术的发展与产业应用的演化呈现三次价值释放：通过支撑企业和政府的业务系统运转实现业务贯通、通过数据加工和分析实现数智决策、通过数据要素流动和共享实现价值溢出。聚焦到经济社会发展层面，数据价值化实现的路径主要可以从经济活动、社会分工以及数据要素市场三个方面展开。

第一，经济活动实现优化延伸。作为新一轮科技革命和产业变革过程中的关键要素，数据在微观企业的生产流程、管理决策、提升优势等方面都发挥了重要的功能。这种要素优势功能并不仅在于对传统商业模式单纯地优化，而是延展至企业多方面的经济活动中。例如，大数据的运用可以提升组织的学习能力，驱动企业管理方式创新；数据要素能够实现与传统要素的优势互补与再配置，加快推进传统产业的数字化转型升级；数据要素所承载的信息可以使企业有效缓解生产经营过程中所面临的不确定性，降低由于不完美信息而带来的交易费用。

第二，社会分工实现深化驱动。数据价值化的广泛性不仅体现在经济价值的激发，同时也反映在社会价值的创造层面。通过与传统要素的协同与耦合，数据改变了不同要素在社会分工过程中的分配与效率。例如，数据要素的出现使传统的劳动力突破了繁琐简单的劳动过程，“人机”协同、“人数”协同使传统劳动力转向更加抽象、附加值更高的复杂劳动中，使传统劳动力在社会分工中的分配更加倾向于综合的权衡。数据要素在生产中的参与使各种传统要素能够在社会分工的碎片化中得以整合，一方面提高了生产要素的协同能力，另一方面，促进了财富的增加和社会的进步。

第三，数据要素市场实现完善。广义的数据要素市场是指数据的供给者和提供者以交易行为为载体所组成的系统，狭义的数据要素市场指的是为数据的交易提供撮合、匹配等服务的场所或载体。数据要素市场的存在是为了进一步激发数据在可复制、可叠加、可重复使用过程中的价值。数据要素市场在数据价值化过程中的完善存在必然性，这是由于数据作为一种要素，需要流动于一个完善的要素市场中。一方面，科学合理的场内交易能够缓解数据交易过程中的不确定性，降低数据供需过程中的交易费用，提高经营者善用数据的收益。[1]另一方面，数据要素市场可以被视为新知识的孵化器，在数据要素的大规模融入后，经营者可以发现围绕数据要素所产生的新现象和新规律。

通过上述讨论不难发现，在平台经济市场中，数据作为一种生产资料展现出了十分突出的价值属性。但同时我们也需要明确的是，作为信息的重要载体，数据也具有非常重要的安全属性。换言之，数据的价值性与安全性是并存的。数据安全指的是在公共事务、国民经济和社会治理领域中，数据的使用和处理在未经授权时应被禁止。[2]数据安全主要涉及三个层面的风险：其一是关于数据所处网络面临的威胁，其二是数据本身所承载信息面临的威胁，其三是数据在使用过程中面临的威胁。其中前两个层面主要关注了数据在技术层面和管理层面的风险，而第三个层面主要涉及了数据的使用行为，其中便包含了在市场竞争环境下，经营者使用数据的合规性。聚焦平台经济市场，数据风险倾向于数据使用的不合规，具体表现在数据滥用方面。

目前学术界和实务界关注的在数据要素方面的反竞争风险可以概括为以下三个方面：

---

〔1〕 王申、许恒：《数据善用与数据安全共治机制研究》，载《当代财经》2022 年第 11 期。

〔2〕 杨东：《论反垄断法的重构：应对数字经济的挑战》，载《中国法学》2020 年第 3 期。

第一，数据的滥用行为。在平台经济市场竞争中，数据滥用行为涵盖内容较多，但整体可以归纳为平台企业利用其数据优势在未经授权时实施的排除和限制市场竞争的行为，并且这种行为没有正当理由且明显损害了消费者和社会福利。我国《反垄断法》第 9 条规定“经营者不得利用数据和算法、技术、资本优势以及平台规则等从事本法禁止的垄断行为”，具体到平台经济领域，平台企业通常具有一定程度的竞争优势，其中相当一部分体现在数据优势上，《反垄断法》明确规定了围绕数据的反竞争行为的违法性。《平台反垄断指南》中虽然没有类似于《反垄断法》在总则中概括性的对数据使用的约束条款，但是对于平台企业在垄断协议、滥用市场支配地位和经营者集中方面都贯穿性且多次提到了数据在垄断行为中发挥的功能。围绕数据的功能，反垄断视阈下的数据滥用行为主要体现在以下三个层面：

首先，数据要素与交易之间的相关性。平台企业既可以通过数据要素高效地实现买卖双方的实际交易，又能够通过买卖双方的交易实现数据的获取。这主要是由平台企业的主要业务的特征决定的，平台通常不会大规模地进行产品的生产，而是围绕已经产生的商品发挥中介的功能，提供产品信息的匹配服务。因此，平台能够使用的数据以及平台在提供服务过程中能够收集的数据关系到它在市场竞争中的相对优势。当平台能够在某一个或某几个领域中占据了交易的主导性后，它收集数据的能力便相较于其他竞争对手而言显著提升，则利用数据维护自身市场势力的能力也随之提升。获得数据优势的平台可以较好地利用海量数据带来的信息对不同的交易相对人进行差别化的对待。差异化的可行性主要产生于两个要件：其一是数据量足够大，使得平台可以从差别对待中获利；其二是数字技术可以维护并提升平台与其交易相对人之间的信息不对称。平台的大数据“杀熟”行为便是基于数据优势对交易相对人进行差别对待的一个例子，通过海量数据获得不同交易个体的特征，针对不同特征设定差异化的交易条件，如差异化价格、差异化质量、差异化服务等，一方面可以帮助平台更有效地获取不同交易相对人的剩余价值，另一方面，信息不对称又能够帮助平台“隐藏”该行为在市场中的实际效果，最终导致平台对交易相对人福利的损害。

其次，数据要素用于构建交易的基础性。数据具有承载信息的重要功能，这也是在平台上交易参与者所格外关注的特征。在流量丰富的平台上，数据既给平台带来了信息优势，又能够使交易者获得更多的交易信息，这种流量的增进将吸引更大规模的交易人接入平台。平台则可以利用数据优势形成它为交易者提供服务的基础，因此，能够保有大规模流量的平台通常可以在交易相对人的市场中具有更强的市场势力。这种市场势力可以使平台在常规交易的基础上制定“额外的”交易条件，这些交易条件并不一定给平台带来直接的收益，但是可以使平台在市场中具有更强的支配力量，进而实现独占市场。例如，平台的“二选一”行为便是平台企业利用较强的数据规模对某一边或某几边的用户设置的外生限定交易条款，要求这些用户只能选择在本平台或指定平台进行交易。用户接受限定交易条款的逻辑在于他们的机会成本，当平台具有较大数据体量时，用户拒绝条款的机会成本增加，即他们拒绝条款等同于放弃了平台为他们带来的数据优势。“二选一”行为的潜在损害是双重的，一方面弱化了其他竞争平台获得用户的可能性，造成了竞争损害；另一方面，弱化了平台交易参与者相对于平台的谈判能力，造成了平台交易参与者的福利损害。

最后，数据要素在市场竞争中的主导性。数据要素与实际交易之间既有相关性又存在一定程度的独立性，平台企业在市场竞争中围绕特定业务进行竞争，其背后也体现了数据要素的竞争。这一点与传统经济市场竞争具有一定程度的相似性，数据要素的规模和体量能够为平台带来更大的成本优势，为他们带来竞争优势。为了获得更大的商业利润，平台则可以利用收集的大规模数据对非主营的业务进行信息质量上的补充，以使这些业务也能够享受到主营业务数据带来的优势地位。例如，平台企业的“自我优待”行为，平台通过信息中介这一主营业务获得海量数据，并将这些数据的信息优势传递到自营业务中，提升自营业务在相关市场中的竞争力以及获得更优势的交易条件，而这些来自数据的信息优势是其他经营者没有或显著缺乏的，形成了平台企业在自营业务所处的市场中的差别待遇。

第二，数据的封禁行为。在平台经济市场中，数据具有非完全竞争和非完全排他的特征，不同平台经营者由于技术差异和竞争优势差异，获取数据和使用数据的能力不尽相同。为了强化自身竞争力，平台通常会构建适应于自身发展和增强自身竞争力的数据集合。从数据规模和数据质量来说，不同的平台之间具有较明显的差异性，这也是增强平台市场势力的主要路径。为了维护自身竞争力，平台有动机保留自身数据而不与其他平台进行分享，尽可能控制数据为他们带来的优势向其他竞争对手溢出，这便形成了数据的封禁行为。从封禁行为背后的运行机制来看，数据的封禁事实上是一种信息的封禁，进而形成了平台对平台交易参与者的控制。具体而言，在平台经济市场中，交易参与者具有较传统经济市场中更加明显的多归属特征，使他们可以在不同的平台间以较低成本进行切换。而切换成本的主要约束条件是他们能否在不同的平台上进行信息的转移以及享有类似的信息，使他们在切换过程中不会受到大规模的信息折损。这就需要不同的平台在信息层面实现相当程度的兼容性，当平台对数据的接口和联通渠道进行封禁后，平台上进行交易的主体则不能顺畅地在不同平台间进行信息转移，增加了他们的切换成本，弱化了他们在不同平台间进行转移的动机。在这个市场环境下，平台竞争将逐渐弱化，平台利用封禁的数据构建起相互之间的“有形边界”，使用户产生了一种自发的“二选一”决策。平台则固定了自己的市场地位，此时，那些具有较强数据体量和用户规模的平台则相对其他竞争对手能够更好地捕捉和控制用户，扩张自身市场规模，逐渐消除市场中的竞争。

此外，数据要素被视为平台进入市场后赖以生存的主要资源，数据封禁的行为使那些初创企业和潜在平台经营者进入市场并维持运行的难度大幅度增加。在位平台利用自身的数据优势形成数据上的封锁，使那些刚刚进入市场的平台无法获得充分的生产资料，进而难以捕捉可观的用户。当新进入市场的平台企业无法在一定时期内获得充分的收益来补偿他们进入市场的成本时，只能选择退出市场。因此，对于市场的动态竞争而言，数据的封禁行为限制了市场竞争，通过提高市场的进入门槛，弱化了平台经济市场的可竞争性，使市场随着数据的封禁趋于封闭，也推进了在位的头部平台实现一家独大的市场状态。

第三，数据的共享机制与知识产权保护。数据的滥用行为不仅发生在数据的所有者当中，在很多情况下，也会发生在数据的使用者当中。现有研究指出，数据的价值化可以体现在其作用于平台企业的生产经营活动中，即数据要素的直接价值化过程，也可以体现在数据的共享和交易的过程中，即数据以资产的形式在较大的平台经营者之间进行流转，形成自身的价值。数据要素价值的多方面激发既符合了数据要素本身可复制、可叠加、可重复使用的特点，又回应了我国数字经济高质量发展的实际要求。在 2022 年 12 月公布的《中共中央、国务院关于构建数据基础制度更好发挥数据要素作用的意见》（以下简称《意见》）中明确指出，要“坚持共享共用，释放价值红利”、要“合理降低市场主体获取数据的门槛，增强数据要素共享性、普惠性”，说明了数据要素在数字经济和平台经济市场中的价值并不单纯地处于经营者内部的生产经营活动中，更重要的是，应当在更大范围的经营者和市场中进行科学、有效、合规的流通和共享，使价值在激发的过程中实现高效的溢出。但我们需要明确的是，数据在共享过程中存在着分享数据和接收数据两个不同的主体，而主体间也存在着一定程度的信息不对称，在数据使用的层面，信息优势往往存在于数据的使用集团中，这便会导致数据在分享后的使用中出现某种滥用行为。这种滥用行为可能会侵害数据分享者的权益，例如，数据接收者对数据的越权使用、对数据所有者的技术进行的反向操作等。此类关于数据的滥用行为所造成的道德风险会直接降低数据分享者的收益，进而降低数据所有者分享数据的动机，弱化数据共享机制的有效运行。与数据的滥用行为、封禁行为所不同的是，数据在共享过程中的反竞争行为较多地发生在经营者一端，经营者通过滥用在共享过程中所获得的数据来获得扭曲的收益，因为收益是来自数据分享者的损失。数据的共享根本上是为了激发数据在更大范围内的价值，将不同的经营者推升至一个公平竞争的环境中，而数据共享过程中的滥用行为则打破了数据共享促进竞争的平衡，在关于数据使用中的信息不对称的环境下，使经营者又一次进入了不公平、不正当的竞争环境。

数据共享和数据价值之间的关联机制主要在于，数据在分享过程中是否能够得到充分的知识产权保护。关于数据的知识产权保护是一个较为广义的概念，它既包含了对数据本身不被滥用的约束，也包括了对数据生命周期中各个环节所涉及的技术进行的保护。《意见》中明确要求“充分保护数据来源者合法权益”，“充分保障数据处理者使用数据和获得收益的权利”，相关理论研究同时指出一个有效的数据共享机制能够推动数据在数字经济和平台经济市场中实现有效的“竞合状态”。一方面通过数据的共享激发数据所有者和使用者之间的价值共创与价值共享，在实现数据价值的基础上推动价值融合；另一方面，通过有效的知识产权保护确保数据相关价值（如技术价值）能够在其知识产权边界内合理分配，不断激发平台企业的技术创新，推动数据技术层面的市场竞争。[1]

---

〔1〕 王申、许恒、吴汉洪：《数据互操作与知识产权保护竞合关系研究》，载《中国工业经济》2022年第9期。

# 第三章　平台经济中的“二选一”行为

## 第一节　“二选一”与限定交易

关于平台经营者的“二选一”行为，从其表现形式来看，是平台经营者给接入平台的用户施加了某种扰动正常交易活动的交易条件（如某种限定交易的条款），使用户在该条款下不得不选择在该平台进行交易。目前已有的三个判例，“食派士案”“美团案”和“阿里巴巴案”，都将平台经营者的“二选一”行为视为一种限定交易行为，即，那些在相关市场内具有市场支配地位的经营者没有正当理由，限定交易相对人（平台上的用户）只能与其进行交易或者只能与其指定的经营者进行交易的行为。因此不难发现，“二选一”行为仅是在平台经济中对于限定交易行为一种比较直观的表述。从法律依据来看，《平台反垄断指南》第 15 条中，将该行为依旧认定为一种滥用市场支配地位行为。同时，《反垄断法》第 22 条第 2 款也进一步规定“具有市场支配地位的经营者不得利用数据和算法、技术以及平台规则等从事前款规定的滥用市场支配地位的行为”，其中涉及了平台经济市场中的经营者利用相关因素带来的市场支配地位限定交易相对人交易路径的行为。

从《反垄断法》的视角出发，限定交易行为（包含但不限于平台经济市场）主要涉及了四个要件：①实施限定交易行为的主体具有市场支配地位。说明实施限定交易行为的经营者具有一定的范围性，他们必须处于那些具有市场支配地位的经营者当中。②经营者实质性地实施了限定交易的行为。由于经营者具有显著的市场支配地位，因此它能够利用在市场中的控制力量就某些交易条件对交易相对人的行为进行约束。例如，以协议的形式强制性地要求交易相对人在交易时必须选择与其进行交易，破坏了交易相对人在选择交易对象时的自主权。③经营者实施的限定交易行为没有正当理由。国家市场监督管理总局于2023年3月公布的《禁止滥用市场支配地位行为规定》（以下简称《规定》）第17条指出，正当理由主要包含了为了满足产品安全要求、保护知识产权、保护针对交易进行的特定投资所必需等；在平台经济市场中，《平台反垄断指南》也规范了正当理由的涉及范围，如保护以交易相对人和消费者为主体的利益相关者合法权益、为维护合理的经营模式所必需等。④经营者实施的限定交易行为造成了排除和限制竞争的效果。对于垄断行为而言，其产生的反竞争效果的体现和在某些场景下的量化分析大多需要考察该行为对利益相关者带来的负面影响，因此，限定交易行为的最终体现应当是我们能够观察并严密分析的竞争损害程度。

聚焦平台经济市场，平台经营者实施“二选一”的动机在于对平台用户交易路径的限制。不同于传统经济市场，平台经济市场中的用户决策具有较明显的灵活性，这是由平台经济市场自身特征所带来的。具体而言，在平台经济市场中，用户的决策通常存在于两个阶段内：在第一阶段中，用户在不同的平台间进行选择；在第二阶段中，用户在平台内的不同交易相对人间进行选择。用户的福利变化通常发生在第二阶段中，因为接入平台的买卖双方之间的实际交易通常发生在这个阶段。而用户在第一阶段中的活动通常是实际交易的准备阶段，也正是在这个阶段，用户与平台的互动逐渐产生。

并且，用户在第一阶段的活动通常是低成本甚至是零成本的，这是由数字技术发展和移动通讯设备的普及所带来的。用户在第一阶段的主要活动是，在不同平台所提供的信息中捕捉能够为其在第二阶段的交易中带来的价值，因此，平台在这个阶段主要为用户提供了信息对接和信息匹配的中介服务。技术和设备的普及可以让用户在短时间内，从多个平台获取信息，这也是用户在平台经济市场中多归属特征的基本构成因素。由于用户的多归属，他们在不同平台间的切换成本大幅度降低，使相互竞争的平台在用户群体中的交叉价格弹性大幅度提升，进而强化了平台市场的竞争程度。平台为了在第一阶段捕捉用户，则需要在此时给予用户更好的交易条件，来补偿多归属环境中的竞争带来的成本压力，进一步缩小了平台的利润空间。为了能够在第一阶段有效地捕捉用户，进而在第二阶段的用户实际交易过程中获得相应收益，平台则产生了利用限定交易条款干扰用户选择的动机。

限定交易行为的运行机制和相应影响在平台经济市场中也较传统经济市场具有明显不同。就平台限定交易行为的运行机制而言，我们主要讨论“二选一”的实施手段和实施方案两个部分。根据《平台反垄断指南》第15条所述，平台实施“二选一”的主要手段可以划分为限制性方式和激励性方式两类。限制性方式主要涉及了平台要求接入的用户不能自由地选择其竞争平台；而激励性方式下，平台会对满足其设定要求的用户进行一定程度的补偿。当用户面临A和B两种选择时，若平台希望用户选择A，限制性方式是平台对选择B的用户附加高额的成本，激励性方式是平台对选择A的用户附加更多的利益。在“食派士案”中，食派士所实施的“二选一”则主要涉及了限制性方式。两种方式在实现效果上几乎是一致的，平台会给那些不符合自身要求的用户施加一个约束条件，这个条件通常会增加这些用户的机会成本。

以限制性方式为例，那些不符合平台要求的用户会接受到平台施加的额外费用，甚至是面临平台的拒绝交易，使这些用户不接受平台条款或不符合平台要求的成本增加。理性的用户在面对两种选择时，会倾向于那些成本较低（收益较高）的选择。因此，平台的限制性方式给用户带来的潜在成本则推动了用户不得不满足平台所提出的条件。在“二选一”视阈下，平台所提出的条件大多是限制了用户在不同平台间进行切换的自主权，换言之，平台通过外生的干预，弱化了用户在平台经济市场中的多归属性。

这里我们需要明确的是，无论是限制性方式还是激励性方式，都要求平台具有市场支配地位。当然，从反垄断法的视角出发，只有那些被包含在具有市场支配地位范围内的经营者所实施的限定交易行为，才能被认定为滥用市场支配地位的行为。从接入平台的用户视角来看，接入那些具有市场支配地位的平台，或者笼统来说，接入市场中的头部平台，用户的切换动机将会显著降低。这是由于，数字平台在用户群体中存在的功能是帮助具有相互需求的用户实现交易，而那些市场中的头部平台企业通常都具有较高的用户流量，虽然用户具有一定程度的多归属特征，但是在面对头部平台时，他们转向其他中小型平台损失的流量会更大，产生了较大的机会成本，弱化了他们转移的动机。在这种情况下，头部平台实施“二选一”的可行性则显著提升，这主要是因为用户对头部平台的需求弹性显著降低，当头部平台实施限定交易条款时，虽然用户的机会成本增加，但是他们依旧会保持停留在平台上，以弱化或消除他们切换至其他中小平台所造成的转移成本。

就平台限定交易行为的主要影响而言，我们通常认为“二选一”行为在平台经济市场中具有十分明显的溢出性和反馈性，这两种特征主要来自平台经济中用户间的网络外部性。图 3 - 1 刻画了头部平台“二选一”行为对平台经济市场内的参与者产生影响的主要路径，图中序号描述了影响路径的延展顺序。

在第一阶段中，头部平台的“二选一”行为向其一侧的用户（图中设定为用户 A）制定限定交易条款，由于头部平台具有市场支配地位，反映在它具有较大的用户流量规模，使用户 A 在拒绝限定交易条款时需要承担更大的机会成本，迫使用户 A 接受条款而单归属于头部平台。

在第二阶段中，由于用户 B 在平台上对用户 A 具有互补关系（来自两者在平台上的网络外部性），当用户 A 在限定交易条款下单归属于头部平台，这种在接入层面的归属性将基于 A、B 两者的网络外部性通过平台溢出至用户 B，使用户 B 在不同平台间进行多归属的收益降低。这主要是因为，头部平台对于用户 A 的限定交易事实上导致了在用户 A 群体内对竞争平台的排除，而用户 B 此时接入竞争平台能够获得的有效交易大幅度降低，增加了用户 B 接入竞争平台的机会成本，进而抑制了用户 B 接入竞争平台的动机，使他们对头部平台更加依赖。

在第三阶段中，用户 B 对头部平台的大规模接入进一步增加了头部平台在多个用户群体中的流量规模，使用户 A 即便在没有限定交易条款时也会自发地接入头部平台。我们可以将这个情形称为用户 B 对用户 A 的反馈效应，这种效应一方面放大头部平台实施“二选一”的综合效果，另一方面，也进一步巩固了平台两端用户对头部平台的依赖程度，使他们在第四阶段中形成了对竞争平台的双向流出。当竞争平台无法在竞争中获得充分的用户来激发自身在信息匹配和交易对接服务中的规模经济时，就无法在给定时期内获得充分的利润。当竞争平台的收益不能在一定期间内充分补偿平台开发和运营成本时，则会逐渐退出市场，我们便观察到了头部平台“二选一”行为下的竞争损害，即对竞争的限制和排除。

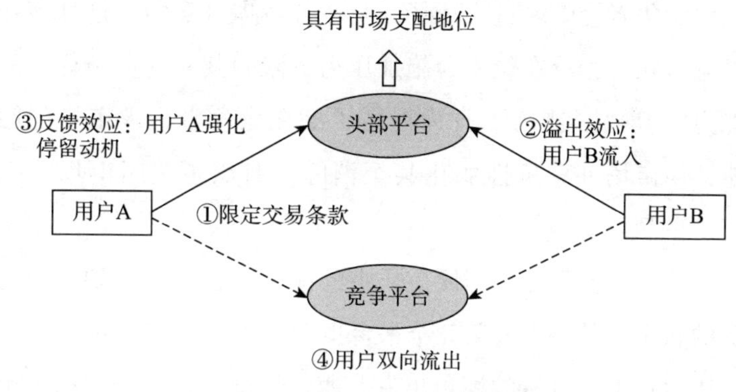


**图3－1　“二选一”行为效果分析**

在这里我们还需要注意以下两种情形：第一个情形是，竞争平台可能是头部平台的潜在竞争对手，在某些特定的相关市场内，竞争者并未实质性地进入市场，参与市场竞争。而此时，头部平台可能在相关市场中处于一种趋于垄断的地位。头部平台在相关市场中的垄断地位并不会显著地消除其实施“二选一”的动机，这是由于垄断的平台会逐渐产生限制竞争的动机，通过限定交易条款限制用户放弃接入那些可能会进入市场的竞争平台。因此，在这种情形下我们需要了解的是，首先，相关市场内的垄断状态并不会消除“二选一”行为的出现，头部平台不仅会通过限定交易条款来排除市场中在位竞争者，而且会通过限定交易条款增加潜在竞争者进入市场后的成本，进而限制市场中的竞争。其次，垄断平台的“二选一”行为会弱化市场的可竞争性。从理论角度出发，市场只要具有比较显著的可竞争性，即便市场趋于垄断的结构，也不会造成巨大的反竞争担忧。这主要是由于潜在的竞争者会随时进入市场，与在位者展开竞争，这种潜在的竞争状态会给在位平台施加压力，限制其实施垄断行为的能力。但“二选一”行为提高了潜在竞争者进入市场的门槛，使市场可竞争性弱化甚至消除，造成了关闭市场“大门”的风险。

第二个情形是，即便市场中的在位平台处于一种势均力敌的状态，某一个或某几个平台也会产生实施“二选一”的动机。从上述分析的视角出发，通常情况下，一个在相关市场中具有比较明显市场支配地位的平台能够更加便利地对用户施加限定交易条款，这是由于用户对于该平台的需求更加刚性。但是，当市场中出现与该平台规模类似的平台后，实施限定交易便会给平台带来较大成本。由于平台间规模差距较小，用户在不同平台上都能够获得较为类似的交易机会，当用户由于限定交易条款承担更大的成本时，他们会选择移动到另外的平台上。因此，在这种情形下的“二选一”通常会更加“柔性”，具体来说，平台的限定交易条款会兼具限制性和激励性两个方式，对那些接受“二选一”条款的用户会给予更多的补贴和支持。这种方式会增加“二选一”条款在用户群体中的连续性，不会形成那种对用户“非留即走”的离散性的选择，而是通过某种激励让用户进行自发选择停留在平台上，并选择单一归属，实现对竞争的弱化。在 2021

年“美团案”中便可窥见——美团围绕差异化费率而实施的独家合作政策将“视情况对独家合作经营者额外提供新店流量加权、平台补贴、优先配送、扩大配送范围、降低起送价格等方面的支持”。

## 第二节　“二选一”行为的经济学分析

学术界对于平台“二选一”的经济学分析虽然依旧处于探索阶段，但相关研究思路和分析范式已经初具规模。学者通常会从平台“二选一”行为的某个或某几个影响因素切入，对其展开严密的经济学分析，探究平台“二选一”的运行机制和经济损害，进而尝试提出对应的规制方案。例如，李凯和李相辰（2021）利用纳什谈判模型评估平台经营者与平台内经营者之间的议价关系，分析不同谈判力量下的平台经营者实施“二选一”的动机；〔1〕蔡祖国和李世杰（2022）通过实证分析方法，以量化的手段，分析用户在平台所设定页面上的注意力对平台针对特定商品提供者实施“二选一”的概率。〔2〕本节关于平台“二选一”行为的经济学分析力求从一个更加一般化的视角出发，通过贯穿几个重要的概念，呈现一个非理论化的经济学说明。本节所涉及的关于平台“二

〔1〕 李凯、李相辰：《谈判势力视角下平台独占交易行为效应研究——兼论中国 B2C 市场的“二选一”与反垄断规制》，载《管理评论》2021 年第 11 期。

〔2〕 蔡祖国、李世杰：《互联网平台“二选一”策略性行为的垄断机理研究》，载《世界经济》2022 年第 12 期。

选一”的经济学讨论，将从用户的自价格弹性、交叉价格弹性、谈判力量和网络外部性四个概念依次展开。

## 一、用户的自价格弹性

用户的自价格弹性通常指的是平台某一边用户对平台在该边的需求价格弹性。在双边市场中，由于用户对价格的反应还涉及了对边用户对价格的反应，以及其他平台制定的价格，因此，为了更加聚焦于价格变动对特定用户的影响，这里选用了自价格弹性这个概念。从理论角度来看，需求价格弹性刻画了用户需求随着价格变动而变动的情况。具体而言，在那些具有“需求—价格”连续关系的情形下，需求价格弹性通常表达为：

$$E_d = \frac{dQ(p)}{dp} \cdot \frac{p}{Q(p)} \tag{3.1}$$

对于一般商品而言，需求价格弹性是小于零的，这是由需求定理而决定的，即消费者对一般商品的需求是随着价格的变动而反向变动的。对需求价格弹性的一般化表述是，消费者的需求变动率随着价格变动率的变化程度，例如，当$E_d = -1.2$时，说明了价格变化 1 个百分点时，消费者的需求反向变动了 1.2 个百分点。

需求价格弹性在我们的讨论中更加具有说明力的功能是，它能够比较直观地从一个量化的角度给我们带来关于价格对需求影响的结果。理论上，当$E_d < -1$时，说明了消费者对该商品富有弹性，反之则缺乏弹性，前者反映出消费者需求对价格的反应是敏感的，即价格的少量变动便可以引致消费

者需求大幅度的变化，而后者则相反。有时我们并不过多地关心需求价格弹性的具体数值，而是更加关心消费者对价格的敏感程度。例如，在上海市市场监督管理局对“食派士案”滥用市场支配地位行为的行政处罚决定书中，便全面地通过对需求价格弹性的量化分析来判断用户对平台价格的敏感程度，进而解决了平台相关市场的边界问题。

聚焦平台经济市场中的自价格弹性，我们需要明确以下三个要点：

第一，自价格弹性的主体包含范围较大。这里我们选用了“用户”这个概念。用户是针对于平台而设定的，即可以被理解为是平台的交易相对人，这里包含了消费者和接入平台的商品提供者，而这两者又在平台上具有交易关系。因此，对于平台本身来说，我们可以称其为平台经营者，而对于在平台上提供商品的经营者来说，我们称其为平台内经营者。消费者和平台内经营者作为平台的用户，都会面临价格问题，他们所面对的价格形式和特征不尽相同，但是他们对平台的需求都能够用自价格弹性进行描述。

第二，自价格弹性的价格涉及范围较大。如上所述，自价格弹性涉及的主体在平台经济市场中相对较多，但不同主体所面对的平台定价形式却存在较大差异。通常情况下，平台内经营者会缴纳接入平台或使用平台的费用，而消费者在接入和使用平台时不会缴费。所以从表面来看，平台内经营者的需求可以更加清晰地用自价格弹性来描述。对于消费者而言，由于没有价格的限制，自价格弹性对消费者仿佛并不适用。但在平台经济领域中，我们需要了解的是，消费者的需求应当受到多个因素的影响，例如，平台为消费者提供的服务内容和服务质量、消费者对平台内经营者的依赖程度、消费者接入平台承担的非价格成本等。其中消费者对平台内经营者的依赖程度涉及的网络外部性将在下文讨论，这里需要关注消费者的非价格成本，或消费者的间接成本。间接成本可以被视为消费者使用平台的便利程度，如信息获取效率、数据携带便利性等，当这些成本增加时，消费者对平台的需求也会发生变化。当然，有时平台也会出于竞争的考量向消费者投入相当程度的补贴，来缓解上述间接成本，这种补贴也可以用于衡量消费者对平台的自价格弹性。

第三，自价格弹性下的需求反应相对离散而非连续。无论是消费者还是平台内经营者，他们对平台的接入和使用并非像传统商品消费一样是连续的，换言之，他们关于平台使用的需求并不遵循一个连续的函数，而更多地倾向于一个离散的函数，即接入/使用或不接入/不使用。进一步地，当他们所面临的费用或成本带来的效用低于他们外部选择（outside option）的效用时，他们会选择放弃现有平台的接入和使用。这里的外部选择是用户选择其他平台的可能性。因此，当用户关于给定平台的自价格弹性较高时，小幅度的价格或成本的上升，会使这些用户转而接入和使用其他的平台。相较于平台内经营者而言，消费者对于平台需求的连续性会更加明显，这是因为消费者在不同平台间进行多归属的成本更低（他们接入平台通常是免费的）；而平台内经营者接入平台时都需要缴纳一定的接入费用，给他们带来了固定成本，当这个费用过高时，平台内经营者则会考虑选择性地接入平台。

基于自价格弹性的特征，平台实施“二选一”的机制可以从两个方面展开讨论：其一是影响自价格弹性的因素；其二是“二选一”条款所针对的客体。通常情况下，影响用户自价格弹性的主要因素是平台在这端用户群体中的定价能力，我们通常用勒纳指数来衡量这种定价能力。理论上，勒纳指数与需求价格弹性的关系是：

$$L = \frac{1}{|E_d|} = \frac{p - mc}{p} \tag{3.2}$$

公式（3.2）说明了，当一端用户越缺乏弹性时，勒纳指数越高，在给定成本水平上，平台能够制定的价格水平也就越高。我们进一步追问：影响勒纳指数的因素是什么？在平台经济视角下，当一个平台能够为用户带来更多的交易机会时，用户接入平台获得的潜在收益也便越大，用户对平台的依赖程度也越高，便对平台的涨价行为的反应越弱。

在“二选一”条款所针对的客体上，双边市场理论指出，平台通常会对那些为其带来直接收益的用户群体实施限定交易条款。根据上述两个关于用户的概念，限定交易条款通常会施加在平台内经营者一侧。从实践观察的角度来看，目前我国关于平台经济“二选一”的三个案件（美团案、阿里巴巴案、食派士案）中的平台，都是将限定交易条款施加在平台内经营者。其主要的原因是，从商业模式来看，平台内经营者更加依赖平台为其提供更多的交易机会，即消费者信息，而消费者相较于平台内经营者具有更多的消费方案，因此，消费者具有更大的自价格弹性。此外，在平台经济市场中，消费者的规模和体量要远远高于平台内经营者，这使得平台对消费者的限定交易成本会更高。因此，平台对消费者群体实施的垄断行为通常会更加隐蔽且不易观察，后续章节中的大数据“杀熟”、“轴辐”协议等则体现了这个特征。

反观“二选一”行为的运行机制，平台是通过限定交易条款外生地改变了用户的自价格弹性，或者说，限定交易条款使自价格弹性对用户的决策趋于无效。在限定交易条款下，用户遵守的是条款为其带来的约束，即不能顺畅地向其他平台转移，即形成了对特定平台的单归属，此时，价格机制趋于失灵。那么，平台是凭借什么因素能够有能力实施“二选一”？通常能够实施“二选一”的平台都具有在相关市场内的大规模流量基础，即具有显著的市场支配地位。这种市场支配地位赋予了平台“头部”的特征，使用户（尤其是平台内经营者）更加依赖这家平台，形成显著的依附程度，也便更加容易地接受限定交易条款。而限定交易的实施会减少平台内经营者的收益路径，因为他们此时不能接入其他平台，因此他们给消费者所制定的价格会发生较大的变动，通常是上涨。为了缓解价格上涨导致的消费者流失，平台通常也会给予消费者更多的补贴，来稳定自身的流量。当补贴消费者的成本能够被对平台内经营者限定交易带来的收益充分补偿时，平台则形成了实施“二选一”的动机，当平台具有了市场支配地位时，“二选一”行为则可能会实际发生。

进一步地，上述平台补贴是否可以实现消费者的锁定？

如果“二选一”能够实质性地发挥功能，这个答案是肯定的。当消费者在补贴下无法达到自身的目标效用，或者说外部选择为其带来的效用时，消费者会选择向其他的平台切换。但我们需要明确的是，由于“二选一”的存在，使平台内经营者大量地放弃接入竞争平台，这使得消费者转移到竞争平台后能够获得的交易机会过小，即“二选一”同时降低了消费者外部选择的效用。此时，实施“二选一”的平台仅需要少量的补贴就能够控制住消费者，保持自身的规模和流量。

## 二、交叉价格弹性

作为价格弹性家族当中的一员，交叉价格弹性也能够用来解释“二选一”行为背后的逻辑。当用户对于平台的选择超过两家时，交叉价格弹性便显现出来。在解释方式上类似于自价格弹性，交叉价格弹性刻画了一家平台的价格变动对其竞争平台的需求影响程度，具体来说，对于两家平台 A 和 B 而言，平台 B 的价格变动对平台 A 的需求影响可以表达为：

$$E_{AB} = \frac{dQ_A}{dp_B} \cdot \frac{p_B}{Q_A} \tag{3.3}$$

两个关联的产品所产生的交叉价格弹性不等于零。进一步地，当我们观察到大于零的交叉价格弹性时，说明两家平台具有了相互替代的关系，即竞争关系；当我们观察到小于零的交叉价格弹性时，说明两家平台具有相互补充的关系。在平台经济市场中，我们更多地关注平台行为所造成的反竞争效果，因此，我们聚焦于那些交叉价格弹性大于零的竞争市场。

关于交叉价格弹性背后的经济学逻辑，我们可以从以下三个方面展开：

第一，交叉价格弹性反映了不同平台间的竞争关系，也反映了用户在不同平台间的切换意愿。当用户面对两家或多家平台并支付费用（如接入费用、抽成费用等）时，交叉价格弹性便在用户群体中形成，且由于平台间具有竞争关系，因此用户会形成在两家平台相互切换的意愿。理性的用户会选择那些能够为其带来更高效用的平台。交叉价格弹性则反映出，用户会理性地切换到那些费用相对较低的平台上。因此，从交叉价格弹性的量化层面来看，弹性的数值越高，反映了平台间的竞争越激烈，甚至能够趋近于完全竞争的状态。

第二，平台经济市场中的交叉价格弹性也具有一定的离散性。类似于自价格弹性，在相互竞争的平台间，虽然交叉价格弹性的量化指标是连续的，即平台 A 的价格上涨只会直接强化用户对平台 B 的需求，但是用户受到接入平台的成本约束，使他们可能会全面地向平台 B 转移，即用户可能会产生“非 A 即 B”的行动。这一个特征是来自用户对不同平台的接入可能不会具有完全的连续性，即不会将自身的接入行为连续地分布于两个或多个平台，而是对一个特定的、能够为其带来更大效用的平台进行接入。

第三，交叉价格弹性通常不是对称的。从用户的视角出发，其从平台 A 转移至平台 B 和从平台 B 转移至平台 A 的动机通常并不完全等同，即$E_{AB} \neq E_{BA}$。说明了对于同一个交叉价格弹性而言，其量化指标可能是不可逆向复制的。这主要是来自两家平台具有某种差异性，使用户在不同平台间进行切换所承担的机会成本不同。这种关于交叉价格弹性的非对称性也体现了平台在市场竞争中的市场势力的差异，具体而言，那些具有较强市场势力的平台大多会使用户在本平台上的交叉价格弹性较低，换言之，用户转移进入的动机会强于转移离开的动机。因为用户离开市场势力较强的平台所承担的机会成本会相较于离开其他平台的成本更高，因此，我们可以初步得到，当平台 A 相较于平台 B 具有更强的市场势力时，则$E_{AB} < E_{BA}$。

在反垄断视角下，平台的市场势力通常来自它在相关市场中的支配地位，因此，那些具有市场支配地位的平台都能够使用户产生较低的转移动机，使该平台与其竞争平台之间的交叉价格弹性变得更加不对称。交叉价格弹性是“帮助”平台实施“二选一”的一个辅助“工具”，当限定交易条款实施后，增加了用户接入该平台的直接成本，增加了用户转移至其他平台的动机；但交叉价格弹性的失衡使用户转移至其他平台所承担的机会成本更大，这是由于实施“二选一”的平台具有市场支配地位，这种市场支配地位给用户带来的是更多的交易机会，对应着离开该平台时更大的机会成本，使用户无法在其他平台获得类似的交易体量和预期收益。因此，当我们发现平台间的交叉价格弹性显著不对称时，这种情况便有可能进一步放大平台实施“二选一”的能力。

结合自价格弹性的分析，交叉价格弹性和自价格弹性在平台经营者“二选一”行为背后的主要关联是，交叉价格弹性是实施“二选一”的一个动因，它的失衡反映出某个平台在相关市场内具有较明显的市场支配地位，进而可以帮助其弱化自价格弹性在用户选择中的功能。例如，当$E_{AB}$显著小于$E_{BA}$时，说明了用户从平台 A 转移至平台 B 的动机显著弱于反向的转移动机，体现出在平台 A 和平台 B 竞争中，前者具有了较强的市场支配地位。此时，平台 A 则可以利用这种力量来弱化价格对用户的影响（因为此时$E_A$相对较低），即用户对于 A 的选择不再显著地受到其接入时成本的影响。如上文所述，用户的效用和其收益的确包含了其接入平台的成本，但同时也受到了离开平台的机会成本的影响。当交叉价格弹性失衡时，用户离开平台 A 的机会成本大幅度增加，这便弱化了平台 A 实施限定交易条款给用户增加的直接成本的影响，使用户继续停留在平台 A。

## 三、谈判力量

谈判力量的经济学理论基础主要来自 Nash（1950）所提出的谈判模型，讨论了两个谈判主体围绕同一个事物（如收益、资产等）的分配。[1]具体而言，两个谈判主体 A 和 B 针对一个共同收益基于自身的谈判力量进行分配，A 和 B 可以被视为进行合作的两个主体，例如，供应链上的上下游厂商、在团队中进行合作创造的两个个体等。纳什谈判模型初步设

〔1〕 J. Nash, “The Bargaining Problem”, *Econometrica*, Vol, 18, No. 2. , 1950, pp. 155 – 162.

定了两个主体具有各自的谈判力量，并且这个谈判力量决定了他们对收益的分配。因此不难发现，谈判力量越强，能够分配到的收益越高。纳什谈判模型同时告诉我们的是，每一个谈判主体都有可能拥有至少一个可以为其带来收益的外部选择，即上文提及的“outside option”。外部选择在谈判过程中并不一定会出现，它仅仅是每一个谈判主体在谈判失败时而进行的选择。但是，外部选择也并不一定完全存在，当谈判主体仅能够选择接受谈判结果时，他则不具有外部选择，也不会获得外部选择为其带来的潜在收益。因此不难发现，外部选择只会在谈判破裂时才有可能会出现，谈判破裂的前提是两个谈判主体中至少一个不接受谈判条件。这个破裂的边界通常被称为分歧点（disagreement point），在分歧点出现后，每一个主体获得的收益即为其外部选择能够为其带来的收益，我们可以将其称为分歧收益或分歧补偿（disagreement payoff）。不难发现，当某个谈判的主体分歧收益增加时，他们谈判失败的机会成本将显著降低，因为即便谈判破裂，他们也可以通过外部选择获得不低的收益。这个较高的分歧收益会给他们破裂后的谈判结果带来更大的收益，即在谈判破裂后获得更好的交易条件。

聚焦平台经济市场，纳什谈判通常发生在具有明确交易条款和交易条件的主体之间，例如，发生在平台经营者和平台内经营者之间。上述两者具有一定的合作关系，即平台为平台内经营者提供交易机会，而平台内经营者又在平台交易上获得收益，通过接入费用或抽成费用与平台进行划分。具体划分的比例（如接入费用和抽成费用的制定）则可以成为平台与平台内经营者之间的谈判结果。在通常情况下，纳什谈判的结果体现在两个谈判主体的收益分配上，这个分配主要受到两个因素的影响，其一是两个主体的相对谈判力量，其二是两个主体的分歧收益。

第一，理论上，谈判主体的相对谈判力量通常是外生的，初始的谈判力量决定了他们关于同一个“蛋糕”的分配。在平台经济市场中，我们可以将这种谈判力量理解为平台和平台内经营者在初始议价阶段的市场支配地位。换言之，在两者进行谈判议价之初，要回答“谁更加依赖谁”这个问题。不难发现，由于平台经营者本身的功能就是聚集不同的用户群体，并将他们的信息通过数据的形式进行整合和匹配，再通过信息的形式将它们发送出去，帮助这些用户实现交易并获得收益。因此，相对于平台来说，平台内经营者更加依赖于平台所提供的服务，更加依赖平台交易为他们带来收益。因此，相较于平台而言，平台内经营者通常具有更弱的谈判力量，这使得他们在初始状态下就以一个“低姿态”接受平台所制定的交易条件，例如，接受平台制定的接入费用、抽成费用、产品展示条款、折扣条款等。当然，对于在特定市场中的不同规模和不同市场势力的平台内经营者来说，平台对于他们的相对谈判力量也会发生改变，这是由于平台在某些情况下也需要依赖这些具有较强市场影响力的平台内经营者来实现自身商业版图的构建和维护。在这种情况下，平台的相对谈判力量则会弱化，以给予这些平台内经营者相对更好的交易条件。例如，在“食派士案”中，食派士所制定的“独家送餐权计划”便体现了这一点。食派士将合作餐厅划分为一般餐厅和重点餐厅两类，所制定的限定交易条款（即上述“独家送餐权计划”）则对两类餐厅存在差异化，对重点餐厅的限定交易相对更加柔和，而对一般餐厅则更加严格。

第二，谈判主体所具有的分歧收益在“二选一”行为中扮演了更加重要的角色。当平台与平台内经营者的谈判破裂后，平台依旧可以通过其他大量的平台内经营者获得收益，而不接受限定交易条款的平台内经营者不得不选择其他竞争平台完成自身交易。在这里，这些平台内经营者的分歧收益会受到两方面的影响：①他们所转移至的其他竞争平台能否具有较大的规模为他们带来类似的交易机会？当平台经济市场的集中度十分高时，即头部平台占据了十分明显的市场时，平台内经营者的转移只能降低他们的交易机会，给他们带来更低的收益。②他们转移后所面临的单归属是否可以补偿多归属的预期收益？平台的用户之所以会选择接入多个平台，首先是因为消费者对于平台的多归属性，其次是消费者对不同平台产生的不同的交易习惯。多归属能够帮助平台内经营者触及更多的消费者，势必获得更多的交易机会。而当平台内经营者没有接受平台所制定的限定交易条款而是谈判破裂，进而转移至其他竞争平台时，即便这些平台可能具有一种与实施“二选一”的平台势均力敌的地位，由于缺少了触及消费者的机会，也会使平台内经营者在转移后的收益降低。在“美团案”的分析中指出，我国境内的网络餐饮外卖平台的

CR2 指数在 2020 年是 99.98，美团在同年以订餐量为基准的市场份额中占比 68.5%，说明了 2020 年前后，我国境内的网络餐饮外卖平台相关市场处于一个比较明显的双寡头垄断格局。从餐饮提供者角度来看，与美团签订独家协议能够在市场中为自身带来相对较多的消费者，但同时，独家协议形成的单归属也会使他们失去美团的竞争平台为他们提供的交易机会，毕竟从消费者的视角来看，美团与其竞争平台具有比较明显的差异化，也形成了消费者固有的消费习惯，使竞争平台也能够保有一个较为稳定的市场。

## 四、网络外部性

网络外部性既是平台经济市场所特有的一个特征，同时也是平台经营者可以实现“二选一”的一个重要基础。平台之所以能够具备实施“二选一”的条件，是由于他们能够在相关市场中获得较大的流量规模，而平台的流量并不是初始具备的，这需要平台在几个用户群体中构建高效的关联，使这些具有相互需求的用户群体能够在平台上实现频繁的互动并形成交易。事实上，流量的获得即平台将用户的相互需求转化为能够在平台上展现的网络外部性价值，使价值能够吸引并控制用户聚集在平台之上。

在经济学分析中，我们需要理解的一个主要问题是，网络外部性和“二选一”之间具有怎样的内在关联？我们需要回答的第一个问题是，上述两者并不是同时出现的，“二选一”通常只发生在那些可以更好地运用网络外部性为用户产生价值的平台上。这些平台都具有大规模的特点，大规模可以体现在其业务规模大、用户规模大、交易规模大、订单规模大，这些量化指标都展现出用户对平台交易的依赖，也进而体现了平台的大流量。具有较大流量的平台能够为用户带来更多的交易机会，也意味着用户放弃在该平台进行交易会失去更多的收益。

我们需要回答的第二个问题是，即便平台能够激发更大的网络外部性，“二选一”也并不一定是针对单边用户的。具体而言，平台也许会将限定交易条款仅仅施加在那些收费的用户身上，即便这些用户会接受限定交易条款，他们也不会全部承担“二选一”给他们造成的成本。他们会在平台上的交易中，将该成本以价格的形式转嫁给消费者，降低了消费者在该平台上交易所获得的效用。由于消费者在平台间的切换通常不会受到直接的干预，即“二选一”通常不会发生在消费者群体中，使消费者在面对效用降低时会转移至其他平台。因此，实施“二选一”的平台在对收费用户制定限定交易条款时，通常也会通过补贴等形式给予消费者更多的优惠或福利，来平抑消费者所可能面临的涨价。这个现象说明了“二选一”的实施并不一定是针对收费用户单边存在的，而可能伴以对消费者进行补贴的双边操作。

我们需要回答的第三个问题是，“二选一”所产生的效果具有比较明显的连带性。连带性是由平台上的用户间所具有的网络外部性形成的，当一端用户由于限定交易而放弃其他平台时，这些用户对边的用户（如消费者），则需要在特定的平台上才能与该用户完成交易。换言之，限定交易条款虽然仅实施于平台的一端，但是与这一端关联的其他用户群体也会受到影响。为了与自身所偏好或交易习惯所引导的用户完成交易，消费者因此更加依赖那些成功地实施了“二选一”的平台。这便会进一步强化限定交易条款所作用的一端用户更加需要、也不得不继续接受这些条款。因此，“二选一”在平台上的一个连带效果可以表现为，收费端用户被锁定，进而使与交易相关的消费者也被锁定，通过强化两者的交易规模和交易习惯来排除已有的竞争。从“食派士案”中的数据可以发现，当食派士实施“二选一”后，其平台上的订单量持续提升，同时伴以接入的餐饮提供商的数量也持续提升，恰恰反映出上述连带效果。

我们需要回答的第四个问题是，“二选一”的实施应当具有比较明显的动态性。平台经营者实施“二选一”的核心目的是排除和限制市场中的竞争，因此，获取更高的利润并非是平台在实施“二选一”之初便需要实现的目标。平台通过“二选一”需要首先达到的是，让相关市场内的关联用户都接入并频繁地使用平台来完成交易，使平台在相关市场中的市场份额显著的大幅度提升，同时发生的是，竞争平台的交易额显著降低，使竞争平台的收益无法有效地补偿其成本，加速他们退出市场。因此不难发现，“二选一”行为的核心目的是头部平台希望进一步改变相关市场的市场结构，进一步增加市场集中到自身的可能性，强化其垄断地位。当平台通过“二选一”实现比较明显的垄断地位后，“二选一”下的限定交易条款则不具备太大的意义，因为即便没有限定交易条款，平台内经营者也没有了转移的动机，消费者的多归属也被垄断者消除。此时，平台可能会取消“二选一”而进一步对用户发挥自身的垄断力量，获得垄断利润。

## 第三节　“二选一”行为的损害分析与规制

从上述平台“二选一”的理论分析来看，“二选一”行为的直接效果是排除和限制了平台经济相关特定市场中的竞争，因此，其损害的直接客体是实施“二选一”平台的竞争平台。此外，“二选一”在实施过程中还涉及了两个主要的群体，分别是平台内经营者和消费者。这三个群体虽然受到限定交易条款影响的程度不尽相同，但是在“二选一”实施过程中，网络外部性的作用、市场可竞争性的扰动、市场结构的改变等因素都会在整个“二选一”行为的动态路径上对这些群体产生影响，而这个影响大多是来自竞争弱化的损害效果。从现实判例出发，目前我国关于平台“二选一”的滥用市场支配地位行为案件中，都涉及了对上述三个主体损害的分析，本节将对此依次进行讨论。

### 一、竞争平台的损害分析

平台实施“二选一”主要针对自身的竞争对手，即通过对某一端（或某几端）用户实施限定交易条款来弱化竞争平台的交易体量，进而对竞争平台的交易机会形成制约，当竞争平台的收益无法充分补偿其成本时，则可能会退出市场。在“二选一”实施的整个过程中，平台的核心目的是通过减少竞争对手的交易机会而最终消除市场中的竞争，从而使自己获得垄断地位。因此，现有关于平台经济市场中限定交易行为的理论研究和实践观察都一致性地认同，“二选一”行为实质性地排除和限制了相关市场中的竞争，使竞争平台失去了合理的竞争机会。在竞争平台方面，我们需要明确两种竞争，其一可以称为在位竞争，其二则是潜在竞争。

首先，在位竞争指的是在相关市场内已经存在的竞争，也是“二选一”行为的直接对象。不同于传统市场中的竞争，平台经济市场中“二选一”行为对在位竞争造成的损害更加明显。限定交易条款制约了平台内经营者对竞争平台的接入路径，进一步引导了消费者向那些卖家接入数量较多的平台移动，造成了竞争平台的消费者流失。因此我们可以发现，“二选一”行为对竞争平台的损失是双重且动态的。双重损失体现在，限定交易条款使大量的平台内经营者从竞争平台流失，同时，消费者为了获得充分的交易机会而转出竞争平台，竞争平台此时会面临两端用户都流失的情形。此外，动态损失体现在，当竞争平台规模降低后，依旧停留在竞争平台上的用户（包括消费者和平台内经营者）会受到交易规模缩小的影响，他们若继续停留在该平台上，则无法获得像初始状态一样的交易机会，即停留在该平台上的机会成本增加，进而产生了转出的动机，使竞争平台的规模进一步减小。因此不难发现，由于网络外部性的存在，平台经济市场中的

“二选一”会产生逐渐叠加且逐渐放大的效果，不断推动竞争平台的用户流失，造成竞争的大幅度弱化。

其次，潜在竞争指的是在市场中可能会出现但目前并未出现的竞争，潜在竞争是来自市场外部存在着相当数量的潜在竞争平台，在可竞争市场理论下，这些潜在竞争者可以通过承担一定程度的进入成本而进入市场，与在位平台展开竞争。市场的可竞争性基础在于，潜在的竞争者是否可以承担合理的成本进入市场，以及他们是否可以在进入市场后的竞争中获得充分的收益来补偿进入成本。在“二选一”下，上述两个条件都难以得到满足。就进入成本来说，潜在竞争平台进入市场是要能够实现用户的接入，但是“二选一”直接干预了用户接入竞争平台，进而缺少了必要的交易对手，消费者也不会预期从新的平台上获得交易机会。因此不难发现，“二选一”实际上是提高了潜在平台进入市场的门槛。就成本补偿来说，即便新的平台进入了市场，他们也无法顺利地捕捉到充足的用户接入平台，进而无法获得服务用户而带来的收益，使他们的进入成本不能够得到补偿。

潜在竞争者进入市场的主要基础是，是否能够获得非负的利润，而上述两个条件无法满足，则导致了竞争者在进入市场后极有可能无法形成预期的利润，这种情况会直接导致潜在竞争者在进行决策之初就消除了进入市场的动机。“二选一”行为不仅提高了潜在竞争者进入市场的门槛，同时也增加了他们在进入市场后获得利润的难度，使市场的可竞争性降低，进而造成了关闭市场“大门”的局面。

最后，我们可以进一步探究，当市场中的在位竞争被排除、潜在竞争被限制之后，市场的内部状态和服务质量很有可能会趋于恶化。竞争是市场发展、技术创新、质量提升的重要推动力，当竞争被外生力量所消除，在位的平台经营者则没有了竞争给其带来的压力，也便弱化了通过价格、质量、创新而提升自身竞争力的动机。这种市场内垄断的结构赋予了垄断者单纯地以自身利润最大化为目标的市场操作，将进一步降低其交易相对人，以及市场中的其他利益相关者的福利水平。

## 二、平台内经营者的损害分析

首先，就平台内经营者的损害来看，“二选一”行为使他们承担了额外的直接成本和间接成本。直接成本来自限定交易条款下，平台内经营者失去了交易相对人的自主选择权。平台内经营者在面对“二选一”时，不得不在两条路径间择一而选，即接受条款和不接受条款。一方面，接受条款意味着平台内经营者仅能够在限定平台上接触到消费者，而放弃在其他任何平台与消费者互动、交易并获得收益的权利。如果目标平台在相关市场中属于头部企业（如食派士），则平台内经营者在这个场景下的损失并不会十分巨大；但如果目标平台在相关市场中具有了少量的势均力敌的竞争对手（如美团），则平台内经营者在这个场景下的损失将显著提升。另一方面，如果平台内经营者不接受限定交易条款，他们则不得不放弃在限定平台上进行交易，或给限定平台缴纳额外的费用，这些都会给平台内经营者带来额外的成本。如上所述，如果限定平台是相关市场中的头部企业，则放弃与限定平台的合作会给平台内经营者带来较大的损失。因此，对于那些在相关市场中具有比较明显头部特征的平台而言，他们的市场支配地位会给不接受限定交易条款的平台内经营者带来更大的成本；但当平台内经营者接受条款时，就直接成本而言，他们的损失通常并不会很大。

但实际上，“二选一”给平台内经营者带来的间接成本更是我们应关注的重点。“二选一”的核心目标是弱化或彻底消除市场中的竞争，使实施“二选一”的平台可以在市场中处于独占的状态。当平台经营者在相关市场中趋于垄断时，涉及相关业务的所有用户都会聚集到该平台上，使平台获得绝对性的大规模流量和市场中的绝对优势，为他们在接入的所有用户群体中构建十分强大的市场势力。平台内经营者一端通常是平台进行定价并收费的一端，平台的市场势力会直接影响到对这一端用户的收费水平。由于“二选一”行为的动态性，随着限定交易条款的实施，平台能够控制的平台内经营者规模逐渐提升，进而吸引更多的消费者接入。在网络外部性的作用下，更多的平台内经营者将会自发地接入平台，更加依赖平台为他们带来的交易机会。在平台规模逐渐提升的过程中，平台内经营者拒绝限定交易条款的机会成本将明显增加。换言之，平台内经营者对平台的自价格弹性将随之降低，使平台能够更加灵活地在平台内经营者一端进行定价，即放大了平台在这一端用户中的涨价空间。我们将这种涨价为平台内经营者带来的成本定义为“二选一”给平台内经营者带来的间接成本。

因此，在“二选一”过程中，平台内经营者的损失可以总结如下：直接成本来自平台内经营者由于被“剥夺”多归属而失去的交易机会；间接成本来自平台动态扩张的规模和市场势力，进而在收费端提升的价格。直接成本通常跟随相关市场的结构特征而具有差异化，市场集中度越高的相关市场，直接成本越低（如前文所述，此时平台内经营者能够在目标平台获得的初始交易机会就很多）；间接成本通常不会随着相关市场的初始市场结构而发生巨大改变，因为“二选一”最终会导致相关市场趋于垄断结构，而实施“二选一”的平台最终会成为相关市场中的垄断者，他们会对收费端的用户进行全方位的关于交易条件的控制，其中主要包括对这些用户所制定的费用。因此，从反垄断的视角出发，我们应更加担心“二选一”行为给平台内经营者带来的间接成本，因为这个成本是来自“二选一”所产生的排除和限制市场竞争的后果。

### 三、消费者的损害分析

虽然“二选一”条款通常是实施在平台的收费端用户群体中，但是消费者在这个过程中受到的损害会更加复杂且多样，这主要是由平台经济市场中的网络外部性所带来的。

首先，当大规模的平台内经营者接受限定交易条款时，商品的供给会聚集到一个平台上，且这些商品很有可能是在这个平台上独家供应的。当消费者对这些产品产生需求时，则不得不接入指定的平台进行购买。虽然消费者依旧可以购买到意愿的商品，但是消费者的购买路径被“二选一”锁定，类似于平台内经营者，消费者事实上也失去了一定程度的对商品的自主选择权。在平台经济市场中，虽然不同的平台都是为用户提供了商品信息的对接和匹配服务，但是由于平台在多个业务上的延伸和扩张，使不同平台在消费者领域中带来的差异化效果十分显著，消费者也会基于这些差异性进行多归属的选择，在不同的场景下选择自身偏好的平台进行交易，增加了消费者在同一个相关市场内的体验度。而平台在收费端的限定交易抑制了消费者自主地选择交易路径的能力，使消费者为了获得偏好的商品，不得不选择指定的平台作为交易路径，使消费者的偏好无法得到充分的满足。我们将这种效用上的损失视为消费者在“二选一”行为下的一个主要的损失。

其次，消费者可能会承担来自平台内经营者的成本转移。如上文所述，平台内经营者在“二选一”条款下会承担较高的接入平台费用，这些费用直接转化为平台内经营者的成本。作为在平台上的主要交易相对人，平台内经营者会将这些成本通过销售价格部分地转嫁给消费者，使消费者购买商品的价格提升，降低消费者的效用。对于上述涨价行为，我们需要明确的是它是否具有合理性。通常情况下，我们能够接受的涨价是来自市场的波动，如原材料价格上涨等，但是“二选一”下的涨价行为是来自平台制定的限定交易条款，并非是市场机制内生决定的，而是相对于平台内经营者的一个外生限制条件带来的。虽然为了保留消费者继续停留在平台上，平台会通过某种补贴的形式来平抑消费者所面临的价格上涨，但是随着“二选一”的持续，平台的市场份额会持续提升，进而不断强化自身在各个用户群体中的市场势力。当消费者对于大部分商品的选择路径被弱化，平台对其补贴的意义也随之减小，消费者在价格层面面临的成本压力也会更加明显。

最后，消费者可能会面临来自平台的交易条件恶化。在用户通过平台进行交易时，消费者所面对的交易相对人不仅包含为他们提供商品的平台内经营者，还包括了平台本身。因为在平台经济的发展过程中，平台经营者并不单纯地为用户提供信息的对接和匹配服务，同时会配套地提供与商品供需相关的其他服务，例如，支付、物流、售后、咨询等服务。而这些服务有些是需要由消费者承担费用的，在这个供需场景下，平台则会在消费者一端制定价格，而当平台由于“二选一”而强化了自身的市场支配地位时，他在消费者群体中的市场势力也会随之提升，可能会造成消费者所接受到的交易条件恶化，如消费者需要支付更多的配送费等。以“食派士案”为例，数据显示，在食派士实施限定交易行为后，2019 年的平均配送费相较于 2016 年（实施限定交易行为前）上涨了 9.33%。但我们同时能够发现，消费者在面对配送费用上涨时，并没有发生大规模的转移，聚焦食派士的订单数量市场份额占比，可得 2019 年的占比为 99.75%。说明了消费者在面对费用上涨时，同时受到了另外的一个约束使其没有转移的动机，而这个约束则是由于“二选一”所带来的平台规模的扩大，使消费者转移至其他平台几乎无法得到等同或类似的交易规模，囿于竞争平台的规模缩减，消费者只能继续停留在食派士并承担逐渐上涨的配送费用。

## 四、“二选一”行为规制的几个重点问题

目前理论研究和相关实践都关注了“二选一”行为的事后监管问题，该行为的认定和监管的具体思路与逻辑比较直观。具体而言，“二选一”行为是那些具有市场支配地位的平台经营者滥用了其市场势力，给用户外生地施加了某种限定交易的条款，限制了竞争平台的流量，进而实现消除竞争的目标。从规制方案来看，大多以处罚为主，目前在我国三个相关的案件中，“阿里巴巴案”“美团案”“食派士案”，分别被处以上一年度营业额的4%、3%、3%的罚款。一方面，罚款以一种量化的形式补偿了当事人垄断行为对其所涉及的利益相关者的损害。另一方面，罚款实际上也释放了一种信号，对潜在的垄断行为形成威慑。在平台经济领域中，关于“二选一”的规制我们还需要关注以下三个问题。

首先，应围绕市场结构特征制定监控对象。市场结构是市场内经营者是否具有支配地位的关键，在那些集中度较低的市场中，市场通常具有较高的竞争状态，而同时，能够显著的具有市场支配地位的经营者是不存在的，因此，这种类型的市场我们通常不会产生太多关于“二选一”行为的反竞争担忧。但是，当市场集中度提升后，具有市场支配地位的经营者将逐渐显现，或者说，具有市场支配地位的经营者的

出现推动了市场集中度的提升。虽然我们在平台经济领域中并不容易利用传统的市场份额来刻画市场集中度，但是平台订单量、销售额、活跃用户数量等维度已经能够帮助我们比较准确地描述市场中的竞争程度和市场集中度，我们则需要依据这些数据来判断市场中反竞争的危险性。

这里我们需要明确的是，并不是那些集中度极高的市场就会产生“二选一”的反竞争担忧，因为市场集中度这个数值并不是离散的，而是一个连续的变量。极高的市场集中度只能告诉我们市场中很有可能存在着一个绝对性的头部平台，如“食派士案”的情况，这种类型的市场是反垄断执法部门需要高度关注的。此外，那些市场集中度处于一个中间状态的市场也是我们需要关注的对象，因为这些市场可能存在着两个或两个以上（但数量较少）的寡头平台，这些平台实施“二选一”的动机相对头部平台的动机会更强。这是由于寡头竞争中的经营者受到竞争的压力会更大，他们更加需要通过对用户选择的外生干预来消除竞争，其中“阿里巴巴案”和“美团案”都展现了这个特点。

其次，应关注构成市场支配地位的其他关键要素。平台经济市场具有数字经济的基本特征，其中数字技术和数据要素是平台经济市场竞争中的关键因素，这导致了平台经营者的市场支配地位并不能够单纯地采用可观的市场份额来进行刻画和评估，还需要考虑技术和数据为平台经营者带来的对市场控制的能力。在对市场支配地位的分析中，其他利益相关者对平台的依赖程度十分重要，这里就涉及了平台相较于其他竞争平台所具有的技术和数据的优势。当某个或某几个平台在这两个方面具有绝对优势时，即便这些平台从可以量化的市场份额上并未体现出比较明显的市场支配地位，也需要对他们进行重点关注和监督。

例如，目前我国的平台经济市场中一个十分明显的趋势是很多平台在现有成熟的业务上进行多个业务的扩张和深化（本书将其称为平台的多市场布局），推动了大量的超级平台的形成。超级平台的优势是能够将消费者带入到一个丰富的消费场景中，通过激发范围经济来降低消费者在不同消费场景间切换的成本，进而提升消费者福利。但同时我们也需要明确的是，多市场布局使平台可以获得更加丰富的数据规模，使他们可以将海量数据所展现出的信息运用至其他业务上，从而形成自身在信息市场上的优势，增加了目标业务所形成的相关市场中的用户对该平台的依赖。在这种情况下，即便该平台在某个业务中并未充分地构建自身在交易规模上的优势地位，但它所具有的数据体量也足以使其他用户对其产生依赖，进而滋生平台实施“二选一”的动机。

最后，应关注对“二选一”行为的处罚标准。通过目前我国三个关于平台经营者“二选一”的案件处罚结果可以发现，处罚额度设置在3% -4%的水平上，但根据我国《反垄断法》第57条，关于滥用市场支配地位行为的处罚应基于上一年度的营业额处以1% -10%的罚款。这个较为灵活的区间给平台经营者“二选一”行为的处罚提出了一个标准制定的问题，换言之，这个连续的变量应当受到哪些标准的影响？从目前的理论和实践的视角来看，处罚标准至少应当关注市场结构、平台规模和市场准入等因素。其一，关于市场结构的讨论如前文所述，不同程度的市场集中度影响了不同市场内的竞争程度差异性提升，那些初始具有较强市场支配地位的平台本身便能够对用户形成吸引，他们实施“二选一”对用户和竞争对手所造成的边际损害相对较小。而那些市场集中度处于中位的市场中，平台之间的竞争更加激烈，这种情况下，用户在平台竞争下能够获得的福利水平较高，而此时平台实施“二选一”的边际损害会更大，因此在处罚额度方面应当对此类市场中的垄断行为更加严格。其二，关于平台规模应当考虑平台所涉及的业务数量，以及技术和数据的保有量。例如，当超级平台在某个领域中实施“二选一”时，它能够通过扩张的交易量为其收集更多的数据，并进一步运用在其他业务上，提升它在其他业务中的支配地位。换言之，在超级平台视阈下，“二选一”行为可能会成为平台业务扩张，以及将垄断力量溢出至其他市场中的工具，因此，对于此类平台的垄断行为应更加严格。其三，关于市场的进入难易度是影响市场可竞争性的关键因素，而一个较明显的可竞争市场是能够维护市场实现充分竞争的重要基础。当市场的可竞争程度较弱时，或该市场的进入门槛较高时，场内的平台经营者实施“二选一”会进一步恶化市场的可竞争性，甚至完全关闭市场“大门”，一方面使市场内部的在位竞争受到限制，另一方面，使市场中的潜在竞争消除。因此，对于那些进入难度较高的市场中的垄断行为，处罚应相对更加严格。

# 第四章　平台经济中的自我优待行为

## 第一节　自我优待行为概述

在平台经济市场的自我优待行为研究中，通常认为它是来自平台经营者相对于其他经营者的一种优势，这种优势包括了平台规则和经营模式上的优势，以及资源或要素方面的优势，平台经营者运用这种优势“优待”其自营业务，使其自营业务相较于相关市场内其他平台内经营者所提供的业务更具有竞争力。比较具有代表性的平台自我优待行为可以参见“欧盟谷歌案”，通过调整搜索引擎的算法，将自营服务 Google Shopping 的业务总是置于搜索结果页面的顶端。不言而喻的是，在使用搜索引擎时，用户通常会关注前几页和每页前几位的内容，这些内容对消费者产生的信息质量通常较其他内容更高。谷歌在搜索结果上的自我优待事实上是利用了其在技术和数据上的优势（当然，这种优势需要谷歌在市场中突出的市场支配地位来实现），使它能够完成优势在其涉及的不同市场内的延伸。

从反垄断的视角来看，平台经营者的自我优待行为并不一定是一种垄断行为，或者更进一步讲，并不是具有自我优待特征的行为就可以被认定为是一种滥用市场支配地位的行为。具体来说，自我优待行为引起我们反竞争担忧的要素应当至少包括（但不限于）以下几个方面：①实施自我优待的平台经营者在某个或某些相关市场内具有支配地位；②平台经营者将相关市场内的某种优势转移至自营业务中；③平台经营者所延伸的优势并不是竞争所必须，且这种延伸显著地产生了弱化市场中竞争的效果。因此，反垄断法所应规制的自我优待行为须是平台经营者滥用其市场支配地位的行为。

不难发现，从市场竞争的层面来看，自我优待行为的合法与违法的边界比较模糊。一方面，平台自我优待行为是平台经营者行使自治权力的体现。平台的核心经营模式并非单纯地向用户提供实体产品，而是通过收集和整合数据，为接入平台的用户来提供信息对接和匹配的服务，以帮助用户能够在平台上进行有效且准确的互动和交易。因此，平台本身的经营模式就是通过技术、数据、协议和规则等方式来完成治理，通过有效地激发用户群体之间的网络外部性来吸引更大规模的用户接入，以庞大的数据体量来实现规模经济，在某种程度上规模经济可以更好地提升用户的福利（孟雁北、赵泽宇，2022）。[1]此外，当前逐渐扩张的超级平台也需要平台本身的竞争优势在不同的业务间（包括自营业务）进行流

〔1〕 孟雁北、赵泽宇：《反垄断法下超级平台自我优待行为的合理规制》，载《中南大学学报（社会科学版）》2022 年第 1 期。

动和溢出。例如，经营者为了迎合消费者的差异化偏好，通过多条路径与经营对手展开竞争，通常会在其现有业务的基础上进行一定程度的品牌延伸，其中比较有代表性的便是利用自营产品/品牌（private label/store brand）所进行的品牌延伸，如传统经济中的沃尔玛自营品牌 Great Value、平台经济中的京东自营品牌京东京造等。品牌延伸的优势在于，经营者可以利用其在已经成熟的业务中的品牌声誉，降低消费者在面对新产品时的信息成本，从信息优化和产品差异化两个方面提高消费者福利（Chen，Xu，2021）。[1]

但在另一方面，平台经济市场中的自我优待行为又会在某些方面造成反竞争的效果，不同于传统经济市场，平台经济中同一个经营者所涉及的不同市场之间的关联并不单纯地在于经营者的经营能力、企业商誉、用户认知等，而更需要我们关注的是，平台经营者在渗透多个市场时，会将数据要素在多个市场进行共享和共益。这里的共享比较容易理解，平台经营者所具有的数据资源可以运用在不同的市场活动中。与此同时，经营者还可以将其在不同市场内所收集的数据运用在其他市场内，使同一组数据在不同场景内被使用时激发更大的价值，形成数据要素的共益。这里我们所提到的更大的价值通常是针对经营者自身而言的，即经营者的技术和数据优势可能是在某些市场中独有的，或是能够为他带来绝对优势的。尤其是当相关市场中的平台内经营者和平台经营者

〔1〕 Chen Zhiqi，Xu Heng，"Private labels and product quality under asymmetric information"，*Journal of Economics & Management Strategy*，Vol. 30，No. 4.，2021.

在技术使用和数据获取方面并不处于同一层面的情况下，这种绝对优势则更加明显。例如，在欧盟委员会对亚马逊自我优待的调查中，着重关注了亚马逊在 Buy Box 和 Prime 增值服务中对自营产品的偏袒，即通过识别和分析平台内经营者（第三方卖家）的数据来校准自营产品的价格，使后者在市场中更具有竞争力。这里我们需要了解的一个问题是，亚马逊在平台经济市场中具有的双重身份，即平台经营者和平台内经营者，这便为其带来了相较于第三方卖家更具有优势的地位，即它能够以平台经营者的身份获得第三方卖家的数据，而反之则不可逆。同时，亚马逊将这些数据带来的优势再溢出至它作为平台内经营者的经营活动中，使它在自营产品销售过程中具有了绝对的优势。这种自我优待的行为事实上绝对性地降低了其他非亚马逊自营产品卖家的竞争力，弱化了市场中的竞争。

从上述关于自我优待的行为特征来看，自我优待行为是否违法应适用“合理原则”来进行分析，目前理论和实践通常也如此认知。由于自我优待所涉及的内容较为宽泛，利用一般情况下判定滥用市场支配地位的三要件分析范式的复杂程度将显著提升。其中比较复杂的一项要件分析是，“具有市场支配地位的经营者实施此类特定行为是否具有正当理由”，自我优待所涉及的包括差别待遇、搭售、拒绝交易等垄断行为，都为这一要件的判定带来较大难度。因此，对于自我优待行为的违法性分析，更宜采用判定滥用市场支配地位的四要件分析范式来认定，即在三要件基础上再关键考量自我优待行为是否对市场竞争具有排除、限制影响（丁茂中，2022）。[1]四要件分析范式可以针对自我优待行为的表现形式，对于具体行为进行具体分析。尤其是在平台经济领域中，自我优待行为具有较强的连锁效应，虽然它所针对的主体可能是平台市场中一端的用户，但由于网络外部性的存在，通常会对接入平台的其他用户产生连带效应。不同的自我优待行为产生的连锁效应不尽相同，产生的促进竞争或反竞争的效果也具有差异，这便需要我们在分析的过程中通过厘清其反竞争效果考察该行为的合理性，进而设计规制方案。

平台经济中自我优待行为构成垄断行为的核心在于平台滥用其市场支配地位，因此基于我国《反垄断法》中关于滥用市场支配地位行为的类别，平台经济市场中的自我优待行为通常可以对标拒绝交易、搭售和差别待遇这三种违法行为。[2]在平台经济市场中，拒绝交易主要来自那些具有一定程度必需设施的平台拒绝将可供正常生产经营的资源释放给其他平台内经营者的一种行为，这种具有必需设施特征的资源通常可以被认为是数据或相关技术等在平台经济市场中十分关键的要素。以数据封禁为例，数据通常是信息的主要载体，在平台经济市场中，平台经营者为了能够给接入的用户提供有效且准确的服务，通常需要掌握大量的数据来完成高效的用

---

〔1〕 丁茂中：《自我优待的反垄断规制问题》，载《法学论坛》2022 年第 4 期。

〔2〕 孟雁北、赵泽宇：《反垄断法下超级平台自我优待行为的合理规制》，载《中南大学学报（社会科学版）》2022 年第 1 期。

户对接和匹配。但是，市场中的先行者一般都能够从平台内经营者处获得市场中的数据，并在短期激发用户群体之间的网络外部性，形成显著的用户粘性，引发“一家独大”的效果。网络外部性增加了用户向其他平台切换时的转移成本，使其他平台，包括那些初创平台在进入市场后无法获得充分的数据展开经营活动。如果平台所掌握的信息来自公共数据，则头部平台的数据封禁抑制了这些具有公共物品属性的数据的流动性，给公共物品施加了排他性的效果。如果头部平台只是为了实现数据的价值化而附加了自有技术，则还可以通过交易来完成数据的流动。但当数据共享和数据交易都被头部平台封禁时，其他平台经营者获得数据的空间将显著缩小，造成了平台经济市场中的竞争损害。这里我们可以认为，平台的数据封禁事实上是利用了其在市场中的先行者优势优待了自己的业务，当然，这里对自我优待的工具和路径有一个比较明显的界定标准——要求这些工具是那些在市场中具有必需设施属性的要素。

搭售是那些具有市场支配地位的平台经营者利用市场势力外生改变产品或服务需求价格弹性的一种行为，在自我优待视角下，结卖品通常处于平台经营者具有某种特定优势的相关市场中，经营者将这种优势溢出到搭卖品市场中，而搭卖品则是平台的某种自营产品或业务。在此种搭售下，交易相对人为了能够继续在结卖品市场中进行交易，不得不接受搭卖品。例如，当接入平台的用户希望继续获得平台为其提供的某种服务时，不得不接受平台为其提供的捆绑服务，若被捆绑的服务是平台的自营业务，则具有了自我优待的特征。当这种行为干扰了搭卖品市场中的竞争，则此类自我优待行为则应当受到反垄断法的规制。

不难发现，自我优待行为所对标的拒绝交易和搭售具有较强的约束性，它的存在使平台经营者的交易相对人面临一种二元的决策。如表4－1所示，为了实现自营产品的竞争优势提升，具有市场支配地位的平台经营者通过利用那些具有显著优势的竞争工具来排除竞争对手。具体而言，在拒绝交易下，对竞争的排除是一种直接的效果，它直接触及了竞争对手的决策，拒绝具有必需设施属性的要素的交易使竞争对手处于“继续停留在市场”和“退出市场”的权衡中；搭售通过利用具有明显优势的结卖品与搭卖品的捆绑，来撬动交易相对人的选择，即“购买”与“不购买”，进而改变搭卖品市场中的竞争。与这两种垄断行为对标的自我优待对市场竞争的影响已经不再是一种连续的影响，而更加类似一种离散的影响，离散的影响通常更加容易观察和识别，同时，也更加易于利用上述四要件的分析范式来进行规制和调整。

**表4－1　拒绝交易和搭售的自我优待**

| 垄断行为 | 垄断工具 | 优待内容 | 竞争损害 |
| --- | --- | --- | --- |
| 拒绝交易 | 具有必需设施属性的要素 | 主营和延伸的产品和服务 | 排除主要竞争对手 |
| 搭售 | 较低需求价格弹性的产品或服务 | 以搭卖品为主的自营产品 | 排除搭卖品市场中的竞争对手 |

在目前对自我优待行为的分析中，将其视为一种差别待遇行为的观点更为普遍。持这种观点的判断通常基于两个方面：首先，差别待遇是一种具有连续性的垄断行为，它并不会给平台用户带来严格的决策选择，而依旧给用户保留了比较灵活的选择权利。在差别待遇下，平台会对那些进行差异化选择的用户进行差异化的交易条件设定，从而使平台自营产品获得优势地位。其次，差别待遇通常存在于一个较为特殊的环境下，即用户、产品或业务本身便具有一定的差异性。自我优待的行为模式中，平台通常拥有了主营业务和自营业务，平台利用主营业务的优势向自营业务溢出。基于这两个方面，我们可以回顾：对标拒绝交易行为的自我优待，平台可以没有自营业务，仅仅是利用主营业务的优势进行“反哺”；在对标搭售的自我优待中，平台虽然可以推出自营业务，但是它释放给用户的选择过于严格，使用户需要在接受搭卖品和不接受搭卖品（同时也无法获得结卖品）的两个选择间进行二选一。而反观对标差别待遇的自我优待，平台通过对不同业务的“优势调整”，依旧使用户可以有一定的选择空间，同时通过优势溢出来调整自营业务的竞争力，使用户再一次进行自发的选择。在自我优待的经济学分析中，关于差别待遇的分析更具有挑战：一方面，用户选择的连续性使自我优待行为的违法边界更加模糊；另一方面，平台在自营业务和主营业务之间的利润权衡也影响到了平台实施自我优待的动机，在两种业务利润权衡的过程中，平台的垄断动机也会相对更加复杂。因此，本章所讨论的自我优待行为将更加关注差别待遇框架下的分析逻辑，并基于这个逻辑展开必要的经济学分析。

我们对自我优待行为的认定和违法性分析需要对其规范一种一般化的分析标准，换言之，当我们在平台经济市场中观察到了自我优待行为时，应当以一种怎样的标准来判断该行为产生了反竞争的效果，或者说，该行为所产生的反竞争效果是通过哪些路径完成的。从差别待遇的角度来看，判定自我优待行为的违法性可以从四个方面逐次展开，类似于前文关于滥用市场支配地位行为的四要件分析范式，但具有明显差异——自我优待违法性判定的四要件分析范式具有较强的针对性，是针对平台差别待遇下的自我优待的分析逻辑而展开；但两者又具有一定的相似之处，如上文所述，自我优待行为具有一定程度的合理性，因此，判定自我优待违法性的逻辑终点依旧是该行为是否造成了市场竞争的弱化。具体而言，判定差别待遇框架下自我优待行为违法性的四要件分别如下：

第一，平台经营者是否经营多个业务。差别待遇下的平台用户需具有在某个维度上的差异性，传统市场中的差别待遇所涉及的差异性主要来自交易相对人针对同样商品所产生的偏好，以及交易相对人自身的特征。在平台经济市场中的差别待遇所涉及的差异性更多地来自平台用户对不同产品或服务类型的选择，所谓不同的产品主要指平台主营业务下的产品和自营业务下产品的差异。我们知道，平台主营业务通常是为产品的交易提供必要的服务，此时平台表现出了一种中介的特征；而平台自营业务通常是平台自行销售的产品，此时平台则表现出了一种卖家的特征。在两种表现形式下，平台自然而然地横跨了两个相关市场，即信息中介和产品销售两个业务。即便平台涉及了两个市场的业务，同时也从两个市场中获取利润，但是，两个不同业务明确的边界也说明了平台的经营活动也应以两个市场边界为限。因此，我们将这个要件定义为平台实施自我优待的一个基础，回顾上文的分析，在这个基础上，平台所实施的诸如数据封禁的拒绝交易行为则被这个特定的分析排除在外。

第二，平台经营者是否在不同业务间进行优势溢出。这个要件是分析平台经营者是否进行自我优待的关键环节，从平台经营和平台内部治理的视角来看，平台经营者在不同的业务间进行优势溢出是一种正常的经营行为。例如，平台（尤其是超级平台）所进行的多市场布局，通常会在新业务开展的过程中享受到已有业务的用户规模和数据体量，即形成了已有网络外部性在多个业务间的延展。但是，这里我们更加关注的是，平台的优势溢出是否涉及了不同层级经营者的不对等。具体而言，在平台经营者自我优待的视阈下，平台在多业务间的优势通常是其所优待的目标市场中的其他平台内经营者所不具备的。例如，在亚马逊自我优待调查中，亚马逊将其作为信息中介所收集的信息作为一种优势，溢出至自营业务的市场中，而亚马逊在自营业务的市场中的主要竞争对手并非其他数字平台，而是其他平台内经营者。相较于平台经营者而言，其他平台内经营者本身就不具备收集海量数据并处理数据的能力，而数据要素为他们带来的价值化是由平台经营者而完成的。因此，当这种优势溢出出现时，实际上产生了符合下列两个特征的状态：其一是平台与平台内经营者就某一种商品产生了竞争；其二是平台的竞争工具绝对地优于平台内经营者，且是后者无法赶超的。我们在进行自我优待的违法性分析时，应着重关注这个状态的形成，因为只有在这种状态下，平台经营者才能够以一种相对不公平的竞争工具开展自营产品的销售。

第三，平台经营者在不同业务间进行的优势溢出是否使用户接受到了差异化交易条件。我们关注了自我优待所对标的差别待遇，需要通过不同的业务来划定平台所进行差别待遇的边界和内容，如果平台实现了优势的溢出，但并未对自营产品与其他产品在交易条件上进行严格的差异化安排，则自我优待所产生的效果并不会十分明显。如果平台以自营产品和其他平台内经营者的产品（第三方产品）为划分维度，对选择不同产品的用户就交易条件，如价格、交易方式、服务内容和服务质量等做出了明显的差异化安排，就缺少了必要的合理性。因此，关于这个要件的分析，我们可以对标判定滥用市场支配地位四要件分析范式中的“平台经营者进行的特定行为是否具有正当理由”，若平台自我优待这个行为没有在自营产品所处市场中开展公平竞争的正当理由，则平台事实上利用其在其他市场中的优势，给用户在选择自营产品和第三方产品过程中施加了一个外生的干预。这种干预直接影响了用户在不同产品间进行选择的福利水平，增加了用户选择自营产品的动机，对第三方产品产生了明显的排挤效果。回顾上文的分析，关于这个要件的讨论我们可以与搭售行为进行对比，从平台对不同用户施加的差异化的交易条款来看，平台的自我优待有一些类似于“主营业务优势 + 自营业务销售”的捆绑。但是，两者的关键性不同在于，差别待遇框架下自我优待中用户的选择具有十分灵活的自主权，他们虽然享有来自不同产品的福利差异，但是他们并不会被要求严格地在不同产品间进行二选一。

第四，平台经营者设置的差异化交易条件是否产生了排除和限制竞争的效果。自我优待产生的排除和限制竞争的效果是分析该行为违法性的逻辑终点，虽然我们在下一节中会具体讨论在平台经济市场中，自我优待的经济学逻辑以及其产生的竞争损害，但是从上文我们所讨论的几个环节内容中不难发现，平台经营者自我优待行为所产生的排除和限制竞争的效果主要在于，平台由于优势溢出所提升的自营产品的竞争优势对特定产品的其他平台内经营者的冲击。这里我们所观察到的冲击并非是平台经营者利用其在自营业务市场内的市场势力而造成的，而是将其在其他市场内的势力的运用，通常是平台的主营业务市场内的市场势力（这里可以将其视为市场支配地位）对目标市场的溢出而产生的。首先，这种溢出使平台的自营产品和第三方产品分置于不同的竞争能力上；其次，这种溢出使得平台对选择不同产品的用户提供了差别待遇。虽然用户并未面对一种强制性的交易约束，但是，由于优势溢出带来的用户福利分化使用户自发地向平台的自营业务转移；同时，其他平台内经营者无法通过自身的能力提升来补偿其相对于平台自营产品的劣势，造成了其他平台内经营者在竞争中可能会被排除在市场之外的效果。

## 第二节　自我优待的经济学分析

本节的讨论将尝试提供一套关于平台自我优待的一般化的经济学分析，即我们并不针对性地强调自我优待行为在平台经济市场中的竞争损害效果（虽然现有理论研究和实践大多关注这一损害），而更多地从经济学理论的视角展开讨论——将平台经营者所推出的自营业务作为一种常规的商品来对待，在这个基础上，尝试分析它可能的合理性以及潜在的竞争危害性。从本节的分析脉络来看，首先，我们分析自营产品与平台内经营者（第三方卖家）所提供产品之间的相互替代关系，这就意味着自营产品在推出之初，就需要面对与其他已有产品之间的竞争，在此基础上，平台的自我优待的经济学分析逻辑将逐步展开。其次，我们也会从另一个方面，探讨平台所推出的自营产品与大部分平台内经营者提供产品之间的互补关系，这个方面的讨论在学界现有分析中尚没有得到充分的关注。此时，若平台实施自我优待，可能更加具有明显的合理性，虽然我们不能排除竞争损害出现的可能，但是作为合理原则的分析范式，我们需要厘清自营产品在相关市场中的特征。

## 一、具有替代性的自营业务分析

我们首先将这种情况描述在图 4 - 1 中，在这个经济学分析的框架内，我们需要做出以下介绍：

首先，平台 A 与平台 B 在平台市场中进行竞争，他们所面对的市场竞争是关于平台经营者主营业务的竞争，即为接入平台的用户（这里是第三方卖家和消费者）提供交易信息的匹配和对接服务。在模型中，我们暂不设定两家平台的相对市场势力，他们可以是市场势力相对悬殊的头部平台和腰部或尾部平台，也可以是市场势力相对平衡的双寡头垄断平台。在后续的分析中，我们将对不同形式的市场结构进行细化的讨论。

其次，第三方卖家和消费者以多归属的形式同时接入平台 A 和平台 B。虽然买卖双方的某一次特定交易是在一家平台完成的，但是他们在交易前的信息收集和价格比较的过程，可以在任意平台上实现。这个设定主要体现了两家平台都没有通过外生力量来约束用户对平台的选择。此外，任意一端用户选择平台的因素除了价格、服务等基础要件以外，还受到了对边用户的影响，这里我们主要体现双边市场中网络外部性对用户选择的影响，这种影响在用户福利中的主要体现形式是，他们在不同的平台间切换所承担的转移成本。

最后，平台的盈利路径是通过对两边（或其中一边用户）征收费用（接入费或抽成费）来完成。为不失一般性，这里考虑平台仅对第三方卖家一侧收费，对消费者一侧免费的情形。这个设定有助于我们对平台自我优待行为展开分析，自我优待虽然是对进行不同决策的用户在交易条件上提供差别待遇，但是最终将体现在用户的成本上，进而影响用户的福利水平。因此，采用价格这个工具来对自我优待行为的影响进行量化，可以比较清晰地帮助我们分析自我优待对用户福利的影响。

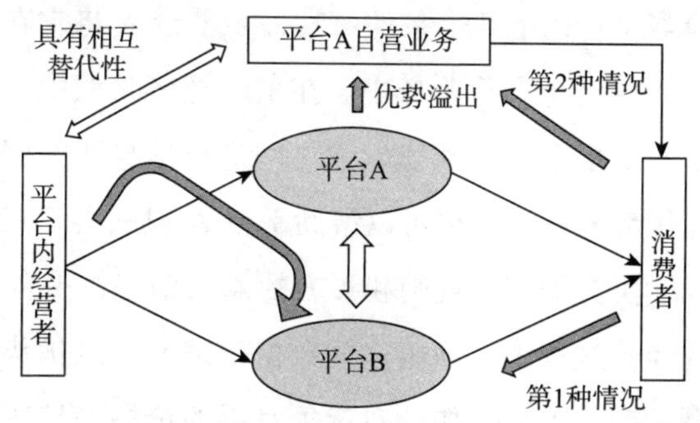


**图 4－1　自我优待与产品竞争**

在自我优待行为的分析中，我们考虑了以下情形：平台 A 推出了自营业务，在自我优待下，平台 A 的自营业务具有以下几个特点：①平台 A 的自营业务是由平台自身提供并销售给消费者的，它并非由第三方卖家提供，因此，自营业务下的产品或服务的定价完全是由平台 A 来完成的。换言之，平台 A 关于自营业务下的价格具有完全的决定权，此时平台 A 兼具了中介服务提供商和产品销售商双重身份。②平台 A 的自营业务与平台内经营者所提供的产品或服务具有替代关系，使得自营业务与平台内经营者之间存在竞争关系。我们需要明确的是，这种竞争关系是部分竞争的，因为相对于自营业务，平台内经营者所提供产品的规模、范围、类别都会更大，使平台 A 的自营业务不会与平台内经营者业务产生巨大交集。因此，自营业务仅与那些与平台内经营者存在交集的产品具有竞争关系。

我们进一步考虑平台 A 对自营业务进行自我优待的情况，根据上一节的分析，如果平台 A 对其自营业务进行自我优待，应当符合以下几个条件：其一，平台 A 将它在主营业务中的优势溢出至自营业务中。在平台经济领域中，这种优势主要涉及了平台 A 在买卖双方之间进行信息匹配服务过程中的数据优势，海量数据可以帮助平台 A 识别买卖双方的特征。例如，卖方的定价规则和买方的需求偏好，平台 A 在自营业务的经营过程中，利用这些数据带来的信息优势来优化自营产品的竞争工具，如针对竞争对手的价格来校正自营产品的价格，使自营产品在其所处的相关市场中具有更加突出的竞争力。其二，更加关键的，平台 A 向自营业务所溢出的优势是平台内经营者所不具备的，这主要是由于来自数据的优势是平台内经营者在平台上展开竞争所不必须的，他们在一个平台载体上进行竞争的核心工具主要是自身产品的质量和价格。与此同时，相对于平台经营者而言，平台内经营者通常不具备收集和处理海量信息的能力。当平台 A 通过主营业务优势优待自营业务时，事实上便将自营业务的竞争工具上升到了一个其竞争对手几乎缺失的层面，使自营产品具有了一种绝对的竞争优势。

上面的两个条件同时满足时，我们可以认定平台 A 借助于其在主营业务中的优势，对在其平台上进行交易的不同卖家进行了差别待遇。对标我国国务院反垄断委员会《平台反垄断指南》第 17 条，平台 A 的差别待遇并非对交易条件相同的交易相对人（包括平台内经营者和消费者）进行差异性的交易条件，而是在经营中实行了差异化的标准、规则、算法等（第 17 条第 2 款）。与传统的差别待遇有所不同的是，平台 A 自我优待下的差别待遇所展现的形式比较广泛，它并不是在某个特定业务下、针对某个特定的交易相对人群体进行的差别待遇，而是在不同的业务中、针对不同的交易相对人群体而进行差异化安排。由于平台 A 在推出自营业务时，它便已经进入了至少两个相关市场，而这里所指的差异性则是来自平台 A 的主营业务所涉及的交易和自营业务所涉及的交易的差异。在这个差异性下，购买不同业务中产品的消费者也自然而然出现了边界，而为了使自营业务在市场中能够为自身带来更大的利润，平台则会在算法、规则等方面使自营业务更具有竞争力。我们需要再一次强调的是，这种竞争力大多是来自平台 A 的主营业务，且主营业务所包含的用户，也即与自营业务竞争的第三方卖家并不具备构建这种竞争力的可能性。

当平台 A 实施自我优待时，很明显地可以看出，在平台 A 上进行交易的平台内经营者会受到竞争损害，而且，当平台内经营者与平台 A 的自营业务相互替代程度越高时，这种竞争损害带来的冲击也就越大。我们可以进一步追问，这种竞争损害带来的市场运行走向是什么？在不同的情况下，市场将向着不同方向运行，我们可以总结以下几种情况：

第一，基于平台经济市场的市场结构。如上文所述，平台 A 和平台 B 在他们所处的相关市场中具有竞争关系，而竞争程度的强弱取决于相关市场的结构。我们可以用一个公式来描述第三方卖家在平台 A 上的利润：

$$\pi = (p - f) \times Q(p, q(s), N) \tag{4.1}$$

其中 $p$ 和 $f$ 分别表示了第三方卖家在平台 A 上进行交易的销售价格和接入平台 A 所承担的费用，$Q(\cdot)$ 是第三方卖家的需求函数；$q$ 和 $N$ 分别代表了平台 A 自营产品的价格和平台 A 上消费者的接入规模，因此有以下特征：$\frac{\partial Q}{\partial p}<0$，$\frac{\partial Q}{\partial q}>0$，$\frac{\partial Q}{\partial N}>0$。[1]此外，定义 $s$ 为平台 A 实施自我优待的强度，当自我优待强度增加时，自营产品的竞争力相对于平台内经营者产品更强，这种竞争力可以体现在相对更低的价格上，因此 $q'(s)<0$。很明显，当平台 A 实施自我优待的强度提升时，平台内经营者在平台 A 上的利润将降低，此时，平台内经营者则产生了向平台 B 转移，以寻求相对更大利润的动机。

但是，当平台 A 相较于平台 B 具有十分显著的市场支配地位时，平台内经营者从平台 A 向平台 B 转移的机会成本将更大。其背后的逻辑在于，平台 A 的市场支配地位体现在他在相关市场中的交易体量上，当卖家从平台 A 转出时，它将

---

〔1〕 其中 $\frac{\partial Q}{\partial p}<0$ 反映了需求定理，$\frac{\partial Q}{\partial q}>0$ 反映了第三方卖家的产品与平台自营业务之间的替代关系，$\frac{\partial Q}{\partial N}>0$ 反映了正向的网络外部性。

失去更多的交易机会。因此，在平台 A 的自我优待行为下，若它具有十分突出的市场支配地位，则平台内经营者的利润可以被较大的用户规模所补偿，即$\frac{\partial^2 \pi}{\partial s \partial N}<0$，说明了较大的用户规模会缓解由于平台 A 自我优待给平台内经营者造成的利润减少，抑制了平台内经营者的转出动机。反观平台 A 和平台 B 竞争程度较强的情况，此时两者在主营业务相关市场中具有类似体量的用户规模，则会使 $N$ 对平台内经营者产生的影响降低。这并不是由于网络外部性的缺位而造成的，而是平台内经营者在不同的平台上都能够享受到几乎相同的网络外部性，使得平台内经营者对平台 A 的自我优待更加敏感，提高了转移动机。

第二，基于自营业务涉及平台内经营者的业务范围。我们可以从一个更大的平台内经营者市场来进行观察，当平台 A 自营业务与平台内经营者所提供的产品和服务交集较低时，即自营业务仅涉及了小部分平台内经营者的业务领域，此时在平台内经营者的经营中，虽然它与自营业务之间的交叉价格弹性存在，但是弹性发挥作用的范围不大。回顾公式(4.1)，交叉价格弹性 $\frac{\partial Q(\cdot)}{\partial q(s)}>0$ 这种情况仅发生在一小部分卖家身上，而在其他卖家中，则会出现$\frac{\partial Q(\cdot)}{\partial q(s)}\rightarrow 0$ 的情况，此时即便平台 A 实施自我优待，也不会对这部分平台内经营者产生影响。在这种情况下，仅有那些需求受到了自我优待影响的卖家会产生转移动机。如上一点所述，如果平台所处的相关市场集中度较高时，平台内经营者的转移动机将显著降低；而且我们同时也可以观察到，即便平台内经营者的转移得以实现，由于自营业务所涉及的平台内经营者业务范围不大，这种转移也并不会造成巨大的用户流动。

结合上述两种情况，我们需要加入平台上网络外部性产生的作用的考量。回顾图 4 - 1，消费者的转移通常发生在对边平台内经营者大幅度流出的情况中。不难发现，当平台 A 在主营业务相关市场中的市场支配地位不明显，以及平台 A 的自营业务与平台内经营者业务交集较大时，会引起平台内经营者大幅度的转移。在网络外部性的作用下，消费者为了寻求更多的交易机会，则会跟随平台内经营者向平台 B 流动（此处称“第 1 种情况”，见图 4 - 1）。此时，我们并不会观察到十分明显的排除和限制竞争的情况，这主要是来自两个因素：其一是平台 A 并没有较强的市场势力来“撬动”自我优待行为的顺利实施，其二是平台 A 的自营业务在消费者购买的范围中并未实现较大的规模。两个因素都会直接导致平台 A 的自我优待的反竞争效果被弱化，此时我们也不会对自我优待行为产生较大的反竞争担忧。但是，若情况相反，如果平台 A 在主营业务相关市场中的市场支配地位比较突出，会使平台内经营者在平台 A 上的消费者流失十分明显，而由于平台内经营者在向平台 B 转移后又面临消费者规模降低的情况，使他们只能停留在平台 A 上与自营产品竞争（此处称“第 2 种情况”，见图 4 - 1）。

我们对上述第 2 种情况会产生一定程度的反竞争担忧，

同时我们也需要明确两个问题：首先，此时平台 A 自我优待产生的反竞争效果并不是针对主营业务相关市场的竞争，而是在于平台内市场的竞争弱化。面对自营产品竞争优势的不断提升，在平台 A 上进行交易的平台内经营者的市场被稀释，而这种优势又是平台内经营者在短期无法实现的，就会导致自营业务所涉及的市场竞争被限制。同时我们还可以发现，当自营业务所涉及的市场范围越大，竞争程度降低的规模也便越大。其次，在面临自我优待带来的竞争恶化时，平台内经营者并不是被强制不能向平台 B 进行转移，而是需要进行两种决策的成本权衡。当平台内经营者继续停留在平台 A 上时，他们的成本来自竞争程度的弱化；当平台内经营者转移至平台 B 时，他们的成本来自消费者规模的降低。当后者带来的成本相对较低时，平台内经营者会向平台 B 转移，但是由于平台 A 在主营业务中具有比较明显的市场支配地位，部分平台内经营者的转移并不会显著改变平台 A 的地位，此时也不会带动消费者的大规模流动。

## 二、具有互补性的自营业务分析

现有关于平台自我优待的讨论鲜有涉及平台自营业务与平台内经营者之间具有互补关系的情况，这种情况的分析较上一种情况更加具体，但是它可能产生的反竞争效果可能会略显复杂。如图 4 - 2 所示，我们对这一类的经济学模型做出以下的说明，从平台经济市场竞争的格局来看，这种情况与上述相互替代的情形类似，但一个核心的不同是，平台 A 所推出的自营业务与平台内经营者所提供的产品或服务具有明显的互补关系。在目前的平台经济市场的实践观察中，这种互补关系也十分普遍。例如，平台经营者针对平台内经营者与消费者之间的交易所提供的支付、配送、物流、售后等服务，这些服务并不是平台内经营者所提供的商品本身所带来的，但又是消费者在购买过程中所必需的。平台经济市场的存在是将实体产品通过虚拟化将信息整合，在形成有效交易时，再将虚拟信息实体化的过程，而平台经营者所提供的这些“配套”服务便是将虚拟信息实体化的关键工具。

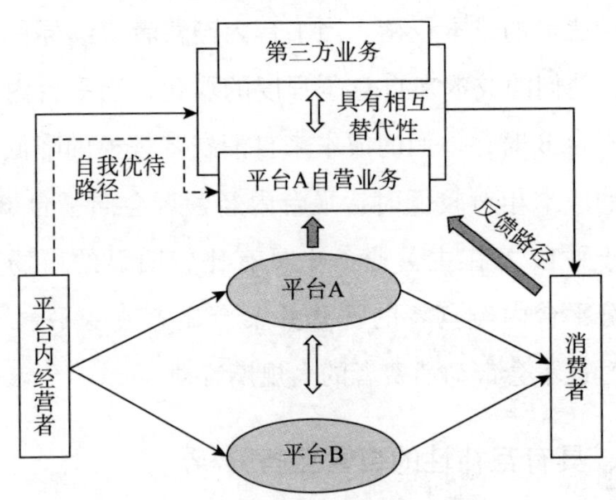


**图 4－2　自我优待与服务互补**

从图 4－2 中不难发现，这第三方业务提供商形成了一个独立的相关市场，他们与平台经营者所处的相关市场、平台内经营者所处的相关市场之间具有十分明显的边界。在这个相关市场中，我们也设定平台内经营者和消费者可以进行多归属，他们在完成交易后，可以自由地对大部分的配套服务进行自由的选择。例如，平台内经营者可以自主地选择第三方业务提供商来完成商品的物流运输。

此时，若平台A对其推出的自营业务进行自我优待，它所进行的优待手段则相较于上一种情况会发生较大的不同。首先，平台A的自营业务与平台内经营者之间不存在竞争关系，这便使平台A的自我优待行为相较于平台内经营者不具有“攻击性”，换言之，平台A不会通过弱化平台内经营者的竞争优势来提升自营业务的收益。其次，平台A的自我优待主要针对于第三方业务提供商，而非平台内经营者。但是，平台内经营者在这个过程中也可能受到自我优待的损害，这是由于平台内经营者在此类情况下将成为平台A实现自我优待的杠杆。

我们可以将平台A对于其自营业务的自我优待从以下两条路径展开分析：第一条路径是针对平台内经营者的，对于能够选择平台A自营业务的卖家，平台将给予较好的交易条件，例如，更低的平台费用；第二条路径是针对消费者的，平台对于那些能够选择在自营业务下完成交易的消费者，将给予更好的优惠。因此不难发现，即便平台A推出了一种与平台内经营者提供产品相互补充的自营业务，它也会利用这个业务将接入平台的用户进行分类，并严格地进行差别待遇。

首先，从平台内经营者的决策来看，我们可以将它的利润函数表示为：

$$\pi = [p - f(s)] \times Q(p) \tag{4.2}$$

其中$p$是平台内经营者给消费者制定的价格，$Q(p)$是第三方卖家产品的需求函数。平台内经营者在接入平台后，向平台支付费用$f$，在常规情况下，这个费用是统一的，但是在差别待遇下，平台会对那些选择其自营业务的平台内经营者进行一定程度的费用优惠，换言之，平台会增加那些没有选择自营业务的平台内经营者的成本。因此，用$s$表示平台自我优待的程度，则有$f'(s)<0$。在成本的驱动下，平台内经营者会选择使用平台自营业务。

其次，在消费者一侧，他们更加关注产品价格和配套服务质量的组合对他们效用的影响。就价格来看，当平台内经营者选择了平台的自营业务时，他们给消费者制定的价格将会降低。[1]就配套服务质量来看，自营业务带来的价格优势可以允许它相较于第三方业务提供商具有一定程度的服务劣势，当这种劣势能够被价格优势充分补偿时，消费者则更加愿意选择那些配套了平台自营业务的平台内经营者所提供的产品。此时，消费者的决策实际上给予了选择平台自营业务卖家正向反馈，进一步提升了这些卖家的需求，强化了卖家选择平台自营业务的动机。

从平台 A 的自我优待和自营业务经营的成本来看，它进行自我优待的成本是对选择自营业务卖家的折减费用，同时，它需要承担经营自营业务的成本。当平台内经营者和消费者都能够从附加了平台自营业务的交易中获得福利的提升，则

---

〔1〕 根据公式（4.2），第三方卖家的利润最大化条件满足：$Q(p)+[p-f(s)]\times Q'(p)=0$，通过全微分利润最大化条件可以得到$\frac{dp}{ds}=f'(s)<0$，说明了当平台进行自我优待的程度提升时，第三方卖家的价格将随之降低。

他们一方面会选择将更多的交易放置在平台 A 上，另一方面，消费者也会更多地选择那些平台 A 自营业务下的产品。这个趋势对平台 A 产生了两个层面的流量聚集：其一是在平台的主营业务市场中，用户会有更大动机流向平台 A 进行交易；其二是在配套服务市场中，用户会有更大动机选择平台 A 自营业务相关的产品。当流量聚集提高了平台 A 的交易规模时，平台 A 会在主营业务上获得更大的收益，若这个收益增量能够充分补偿平台推出自营业务并实施自我优待的成本，则平台将从自我优待中获得明显的利润提升。

虽然平台推出的自营业务与平台主营业务下的平台内经营者存在互补关系，同时，在某种程度上也能够提高接入平台用户的福利水平，但是它也产生了比较明显的反竞争效果。首先，自我优待排除了配套服务市场中的竞争，相较于平台 A 的自营业务，第三方业务提供商并不能在短期获得竞争优势，因为这种竞争优势是来自平台 A 的主营业务所形成的数据和信息优势，这种优势是那些以提供配套服务为主营的第三方业务提供商不具备的。在这种竞争优势的冲击下，第三方业务提供商难以在短期补偿竞争损害，可能会造成部分第三方业务提供商退出市场的效果。

再次，由于第三方卖家和消费者都能够从平台 A 的自我优待中获得更好的交易条件，他们则更加愿意在平台 A 上进行交易，同时，他们也更加有动机选择平台 A 自营业务下的产品。用户向平台 A 的流动降低了平台 B 的交易体量，对平台 B 也产生了排除的效果。与上一种类型不同的是，平台 B

受到的竞争损害并不会受到市场结构的显著影响，因为自我优待所作用的市场是在平台交易的附属设施市场中，无论两家平台进行怎样的竞争，附属设施市场的交易总是存在。若平台 B 并没有推出自营业务，它的交易大多依赖第三方业务提供商，当第三方业务提供商的优势被自营业务压制后，平台 B 的竞争优势也随之减弱。

最后，在自我优待的过程中，我们并不能绝对地认为接入平台 A 并在平台 A 上进行交易的用户可以获得福利的提升。上文的分析更加关注于一个静态的效果，即在自我优待实施过程中，由于成本和价格的降低，平台内经营者和消费者在短期都可以获得效用的增加。但是，从长期来看，随着第三方业务市场和平台经济市场中的竞争弱化，平台 A 在两个市场内的市场势力将逐渐提升，它在市场内控制价格的能力也随之增强。为实现利润的最大化，平台 A 将可以在长期以一个扭曲的高价格获取用户剩余，导致用户福利的降低。

## 第三节　平台实施自我优待的动机与规制

在上一节中，我们从一个一般化的分析框架讨论了平台在不同情况下实施自我优待的经济学逻辑，本节着重探究两个关于自我优待的问题，动机与规制。自我优待行为的生成和实施主要来自平台经营者的垄断动机，影响动机的主要驱动力是平台经营者能够从实施自我优待中获得更高的利润。自我优待并非绝对性地提升平台利润，尤其是对那些推出了与平台内经营者相互替代的自营业务的平台而言，其盈利路径会更加复杂。后文将从这种情况切入进行分析，然后延伸至三个扩展的情形。

当平台经营者推出自营业务，且该自营业务与平台内经营者的业务具有相互替代关系时，平台的盈利路径将会扩张。具体而言，在主营业务上，平台保持为买卖双方提供信息匹配服务，通过提供服务所制定的接入费用或抽成费用实现盈利；在另一方面，平台作为一个或一类产品的卖家，通过销售自营产品获得利润。在这两条路径上我们需要明确的是，在短期给定的消费者体量下，不仅两类产品之间具有替代关系，平台在盈利路径上也具有比较明显的替代关系，这便使平台在其制定自我优待的程度以及相应动机上面临取舍。我们可以将平台的利润函数表示为如下的形式：

$$\pi = f \times Q_1(p(s), q) + q \times Q_2(q, p(s)) \tag{4.3}$$

在这个较为简化的利润函数中，$f$ 和 $q$ 分别表示了平台内经营者和平台自营业务下的产品销售价格，$Q_1(\cdot)$ 和 $Q_2(\cdot)$ 分别表示了对应的需求函数。此外，类似于上文的讨论，$s$ 刻画了平台对自营业务进行自我优待的程度，自我优待的形式是通过提高自营产品在价格上的竞争力来体现的，因此，当自我优待程度提升时，平台内经营者的产品竞争力弱化，即 $p'(s) > 0$ 。

从自我优待的直接效应来看，当平台实施自我优待并逐步提升自我优待强度时，平台可以从自营业务中获得较高的利润，即此时利润路径 $q \times Q_2(q, p(s))$ 提高。这是由于，当自我优待弱化了平台内经营者产品竞争力时，其价格相对提升，消费者将逐渐以自营业务对平台内经营者产品进行替代。但我们必须明确的是，与之相伴的，是平台上平台内经营者进行交易的体量降低，可以表示为 $\frac{\partial Q_1(\cdot)}{\partial s}=\frac{\partial Q_1(\cdot)}{\partial p}\cdot p'(s)<0$。当平台内经营者交易体量降低时，平台主营业务的规模将缩小，在给定平台费用时，平台从主营业务上获得的利润将随之降低。

因此，对于平台实施自我优待的动机来说，应当取决于自我优待所带来的①自营业务的额外收益，②主营业务的利润降低，这两个因素。当前者明显高于后者时，平台则具有了比较明显的自我优待动机，反之平台则不会产生过于强烈的动机通过优待自营业务来提升利润。但是，这并不意味着平台不会推出自营业务，而此时推出自营业务的核心动力是，平台通过一定程度的产品差异化来满足消费者更加丰富的需求偏好。在以上的基础分析中，我们仅围绕着一个常规的设置来完成，分析结果反映出平台所进行自我优待的动机主要来自其“成本—收益”的权衡，且在较大程度上，并不一定会产生来自自我优待的反竞争担忧。我们在这个基础上进行三个方面的延展，主要围绕一些具体实践展开，进一步分析自我优待的动机和相应的反竞争效果：

第一，消费者的品牌忠诚度。消费者在进行购买决策时，除了受到产品价格和质量的影响以外，还会受到其对特定品牌忠诚度的影响。品牌忠诚度实际上改变了消费者对特定产品的效用函数，它通常作为一个外生的变量进入消费者的效用当中，形成了一种对产品价格的杠杆。换言之，当消费者对特定产品具有较高忠诚度时，价格对消费者的影响将减弱，即消费者可能会接受一个价格较高的产品。消费者的品牌忠诚度可能发生在平台自营产品上，也可以发生在平台内经营者的产品上，若前者的影响更加显著，则平台推出自营产品的边际收益会显著提升。与此同时，平台会利用消费者对平台本身的忠诚度来持续推广自营产品，平台的自营产品并不需要进行大幅度的价格竞争，或者说，平台对自营产品的自我优待程度无需非常深入，因为消费者的忠诚度便可以提升自营产品的竞争力。而相反地，若消费者对平台内经营者的产品忠诚度较高，则会弱化平台自营业务的竞争力，此时，平台可能会增强对自营业务自我优待的强度，以维持自营产品的相对竞争力。但我们需要了解的是，在这种情况下虽然自我优待的强度会相对较高，但是其目的是平衡两种产品在消费者市场中的竞争程度，此时的反竞争效果并不会十分显著。

第二，自营业务涉及的范围。作为以中介服务为主营业务的平台经营者，他们通常会将更多的竞争资源投放在主营业务上，如果平台并不是为了进行多市场布局，其推广自营业务大多是为了实现产品的差异化。此时，平台进行自我优待的动机并不是十分强烈，正如上文经济学分析所述，如果平台过多地进行自我优待提升自营业务的收益，其主营业务会受到较大的损失。但是，如果平台希望将自营业务打造为一个新的主营业务，即平台在业务扩展的过程中希望将自营业务打造进其主营业务的版图当中，平台将会大规模地将自营业务融入至平台内经营者所涉及的范围内，扩大了自营业务与平台内经营者业务的交集。此时，虽然自我优待会降低平台主营业务的收益，但是这个收益损失会随着自营业务的范围扩张而逐渐降低，直至自营业务收益充分补偿了主营业务损失。当平台将自营业务构造成一种多市场布局下的另一个主营业务时，它通过自我优待而进行的产品市场的竞争限制和排除意图将更加强烈，此时，便会在产品市场出现比较明显的反竞争效果。

第三，自营业务与平台内经营者业务的互补性。正如上一节所讨论的结果，平台推出的自营业务很有可能是与平台内经营者所提供的业务相互补充的，即平台的自营业务可能是主营业务的一系列配套服务。此时，公式（4.3）的利润结构将发生极大的改变，具体而言，我们可以将公式（4.3）改写为：

$$\pi = f(s) \times Q_1(p, Q_2(s)) + q \times Q_2(s) \tag{4.4}$$

自营业务的规模直接进入到了主营业务中，此外，平台进行自我优待的程度在两个方面发挥了作用：其一是对于那些选择自营业务的平台内经营者而言，他们可以在平台自我优待行为下获得一定程度的费用降低，即$f'(s) < 0$；其二是平台自我优待行为可以通过降低平台内经营者成本来降低他们对消费者制定的价格，从而增加消费者对附加自营业务产品的需求，即$Q'_2(s) > 0$，并反馈至平台内经营者，使他们的需求提升，即$Q'_1(Q_2(s)) > 0$。因此，平台对自营业务的自我优待实际上是形成了自营业务和主营业务下平台内经营者的一种“共益”状态，自我优待可以同时满足平台和平台内经营者的利润最大化需要。此时，平台实施自我优待的边际收益将明显提升，也进一步强化了平台实施自我优待的动机。但正如上文所讨论的，此时的自我优待行为将在第三方业务市场和平台主营业务市场中造成十分明显的反竞争效果。

通过本章的讨论，我们可以发现关于平台经营者的自我优待行为存在两个层面的合理性分析。从一个狭义的层面来看，自我优待的合理性来自这个具体的行为是否会造成反竞争效果。本章所分析的结果指出，根据市场结构、产品类型、业务范围的不同，平台经营者实施一定程度的自我优待并不会引起较大的反竞争担忧。当然，我们也需要对该行为所产生福利提升影响进行全面的分析，例如，当市场竞争程度比较充分时，用户在不同的平台间进行切换的转移成本相对较低，某个平台对自营产品所进行的自我优待可以通过降低消费者的购买成本来提高消费者福利；同时，当自我优待对该平台上平台内经营者造成一定的竞争冲击时，平台内经营者也可以灵活地将更多的经营资源转移至竞争平台，不会造成在整个市场内部大规模的竞争损害。

此外，从一个广义的层面来看，自我优待的合理性来自平台经营者是否有动机实施那些可能会造成竞争损害的自我优待行为。我们在本节中着重讨论了这个问题。这个问题的缘起在于，平台经营者实施自我优待的动机主要来自该行为是否能够为其带来利润的提升。如果平台经营者能够预计该行为对其利润的影响并不显著，甚至有时会降低其总利润时，平台从初始的决策阶段便会消除实施自我优待的动机，而自我优待产生的反竞争效果也便不会存在。我们在相关的经济学分析中讨论了影响平台实施自我优待动机的几个因素，这些因素回应了反垄断监管部门对相应行为的识别和分析，实际上为自我优待的反垄断监管提供了一个较为前置的思路。

基于以上分析，我们可以针对自我优待狭义和广义两个层面的合理性，来进一步讨论对自我优待行为的调查思路、制止条件以及规制方案，主要可以从以下几个方面展开：

第一，平台经营者推出自营业务的核心动机与市场影响。从产品差异化的视角来看，平台推出自营业务与自营产品更加类似于一种品牌延伸，在平台经济市场中，平台经营者的品牌延伸已超越了传统市场中利用品牌效应对新产品的促进，而是运用平台在主营业务市场中积累的用户规模而在新的市场中试图达到的一种规模经济。现有关于产品差异化的研究指出，无论是横向产品差异化还是纵向产品差异化，经营者都可以通过具有不同特征的产品来满足更多消费者的需求，从而提高消费者的福利。平台经济的产品差异化更是如此，一方面，产品本身的差异化可以在产品特性、产品价格、针对人群等方面触及更大范围的消费者，提高消费者群体内的整体福利水平；另一方面，平台经营者通过品牌延伸将多个消费场景联系起来，使消费者能够在同一个平台上打通不同的消费场景，形成范围经济，降低消费者在平台上进行交易的成本。

但我们同时需要明确的是，平台所推出的自营业务的核心意图是否是为了消除某个相关市场内的竞争，或者是通过消除竞争来实现利润的提升。为理解这个问题，我们可以进一步分析自营业务所带来的市场影响。如果自营业务与已经存在的平台内经营者业务存在替代关系，这种替代关系所涉及的范围多寡直接决定了自我优待所造成的影响，如果第三方业务所渗透的市场范围较大，则相互替代关系将对更大范围的平台内经营者带来影响。而此时，若平台对自营业务实施了自我优待，则反竞争效果将会十分明显，我们则需要对自我优待行为的合理性进行进一步调查。如果该行为并非来自平台经济领域中正当的交易习惯和行业管理，例如，对自营业务所进行的必要的知识产权保护，则这种情况下的自我优待行为则需要受到反垄断执法部门的关注。

第二，平台经济市场的竞争程度和市场结构。平台经济市场主要的竞争关系来自平台经营者之间的竞争，他们的竞争大多围绕着主营业务展开，即平台经营者通过聚集用户并完成用户的交易来实现盈利。因此，平台市场中的主营业务主要是为接入的用户提供信息匹配和对接的服务，自营业务的自我优待通常是在这种服务供给的竞争下而出现的。而平台经济中的竞争程度直接影响了经营者在商业行为中的决策以及相关商业行为在市场中产生的影响，具体而言，我们可以将这种竞争程度视为稀释商业决策效果的因素。当平台优待自营业务时，它的反竞争效果通常在竞争程度较低的主营业务市场中发生。

较低的竞争程度通常来自市场中具有少量甚至独家的头部企业，使市场结构趋于集中，当这些头部平台实施自我优待时，那些平台内经营者受到了自我优待的竞争冲击，但是当他们转移至其他平台时，却难以获得在转移前能够面对的消费者群体。这是由于头部平台的市场支配地位通常可以为其带来持续增加的用户规模，进而提升了平台内经营者转移时的机会成本。因此，自我优待出现后将使平台内经营者面临一种两难的困境：一方面，继续停留在平台上需要面对自营产品的不断冲击，另一方面，转移至其他平台又将失去大量的交易机会。对于此类市场结构，反垄断执法部门应当对自营业务下的平台自我优待行为进行更多的关注。例如，截至 2023 年 12 月，亚马逊在德国的线上零售活跃用户保有量约占 53%，这个用户规模足以让亚马逊在德国的线上零售市场具有显著的市场支配地位和头部平台能力，使它在线上零售领域推广自营业务并实施自我优待的能力显著提升。[1]但对于那些竞争程度较高或市场集中度较低的平台市场，我们不需产生过多的反竞争担忧。因为竞争实际上是经营者实施垄断行为的一层缓冲地带，当他们试图实施垄断行为时，交易相对人的转移会明显降低垄断行为的损害，而且，在平台经济市场中，平台接入的用户群体并非单一的，当一组用户转移至其他平台时，网络外部性会推动其他用户群体也随之转移，这种情况下的垄断行为对平台造成的用户流失将会形

〔1〕 参见 https：statista. com/statistics/1256352/germany-leading-marketplaces-visits/，最后访问日期：2024 年 5 月 20 日。

成一种放大效果。

第三，平台经营者自营业务的类别和消费者特征。我们同时讨论了平台自营业务与第三方业务之间的互补关系，此时平台自我优待行为带来的损害可能在短期会发生在第三方业务提供商所处的相关市场中，以及平台主营业务的市场中。这里我们需要明确的一个问题是，第三方业务提供商的市场是否受到了明显的来自自我优待的竞争损害。具体而言，当一家平台实施自我优待时，会对在该平台上进行交易时所涉及的配套服务提供商产生冲击，使他们失去了在该平台上提供服务的机会。但是，我们还需要了解的是，这些第三方业务提供商也同时为其他平台的交易提供配套的服务。当他们将更多的资源转移至其他未推出自营业务的平台，或者并未对自营业务实施自我优待的平台时，他们所承担的竞争损害将并不显著。此外，当实施自我优待的平台能够通过对平台内经营者实施一定程度的让利，而使平台内经营者和消费者都能够得到福利的提升时，此类的自我优待并不会引起我们过多的反竞争担忧。但是，正如上一点所强调的，当实施自我优待的平台已经在主营业务市场上具有了大量的用户规模时，它的自我优待行为不仅会造成第三方业务市场的竞争损害，同时会进一步连带其主营业务市场的竞争面临进一步的弱化。

此外，消费者特征下的品牌忠诚度也是影响了平台自营业务竞争力的一个关键因素。相当规模的在平台上投放商品的平台内经营者都是在市场上具有一定品牌影响力的知名销售商，他们在长期经营的过程中（包括曾经在线下经营的过程中），积累了大量的忠诚用户，即便他们将交易只是部分地转移至线上，也会带动忠诚消费者向线上的转移。此时，平台的自营业务能够扰动消费者购买的因素除了价格以外，还有平台这个品牌对消费者的影响，而当平台本身的品牌影响力不足以撼动平台内经营者的品牌影响力时，平台实施自我优待的竞争损害则并不明显。换言之，平台即便对自营业务进行了一定程度的自我优待，也不会推动大量的消费者转移。因为消费者对于品牌的忠诚度是在一个更加长期的交易维度所构建起来的，它并不会由于短期的价格影响而彻底地改变。因此，在对平台自我优待行为进行竞争损害分析时，可以进一步尝试从相关市场内的消费者偏好和特征的角度出发，通过分析消费者对于特定品牌的感知来识别自我优待行为的实际影响，若这种实际影响过低，则反竞争效果将不会十分明显，也无需对平台的自我优待行为进行实质性的调整。

# 第五章 平台经济中的“轴辐”协议

## 第一节 垄断协议与“轴辐”协议

传统经济市场涉及较多的垄断协议行为，主要是横向垄断协议和纵向垄断协议两类，虽然在反垄断实践当中，存在混合垄断协议行为的相关案例，但是相对于前两类垄断协议并不常见。本书并不格外关注对垄断协议分类和对应损害的分析，而是针对平台经济和传统经济间的主要差异，尝试探讨在平台经济中存在的一种“新的”垄断协议，即“轴辐”协议。所谓“新的”垄断协议并不是强调其概念或特征方面是前所未有的，而是在于其表现形式和运行机制。

就表现形式来看，“轴辐”协议具有横向垄断和纵向垄断的混合特征，但是理论上我们并不能将“轴辐”协议和混合垄断协议划等号，这是因为，相较于后者，前者具有更加复杂和多边的结构特征（江山，2021）。[1]具体而言，当某

〔1〕 江山：《论轴辐协议的反垄断规制》，载《社会科学研究》2021年第4期。

种垄断协议可以穿透市场层面的纵向边界，并产生限制上游供应商之间或者下游销售商之间的横向竞争的效果，则可以被视为一种混合垄断协议。但是，“轴辐”协议的结构相较于混合协议会涉及更多的可能性，“轴辐”协议当中的“轴”和“辐”之间并不存在绝对的主体和客体的区分，他们所表达的经营者也可以来自市场的上游或下游。例如，某个市场层面的经营者可以作为“轴”来主导其上游或下游的经营者之间形成横向垄断协议；同样地，某个市场层面的经营者可以作为“辐”来构成横向垄断协议，并引入上游或下游的经营者来提供实质性的帮助。因此，从结构角度来看，“轴辐”协议的混合性更加多元和复杂。

从运行机制来看，虽然“轴辐”协议表现出一种“纵向加横向”的垄断协议形态，但是，它并不是一种单纯的“上游经营者”加“下游经营者”共同实施垄断协议的机制，而是可以理解为，“轴辐”协议的运行机制是一种“提供帮助”加“运用帮助”的过程。因此，“轴辐”协议的核心运行机制应当符合“协调”和“合作”的融合，其中“协调”指的是市场中特定的经营者与其他经营者之间的关联，通过对其他经营者（可以是横向关联的也可以是纵向关联的经营者）进行某种形式的协调，来实现这些经营者之间的“合作”。不难发现，“轴辐”协议的内在机制是上下游经营者之间的协调，而其外在机制是横向经营者之间的合作。如图 5 – 1 所示，连接轴端和各个辐端之间的辐条是上下游市场中经营者的常规联系，反映出上下游经营者之间的交易关系，当这种交易关系存在时，上下游市场所形成的供应链则会生成，打通了产品流通的渠道。通常当市场中仅存在这种辐条时，我们并不会产生过多的反竞争担忧。而判断“轴辐”协议的关键是，轴端是否进一步通过某些形式，如明示的协议或默示的算法，打通了辐端上各个经营者之间的轮辋（或轮圈）。当轮辋所产生的某种能力（如信息互通）可以为辐端上的经营者实现合作提供了必要的帮助，并能够使辐端层面的卡特尔形成时，则构成了“轴辐”协议。因此，“轴辐”协议所产生实质性的损害部分是轮辋上经营者构成的协议，我们则将协议的实际损害所涉及的市场视为“轴辐”协议的外在机制部分。

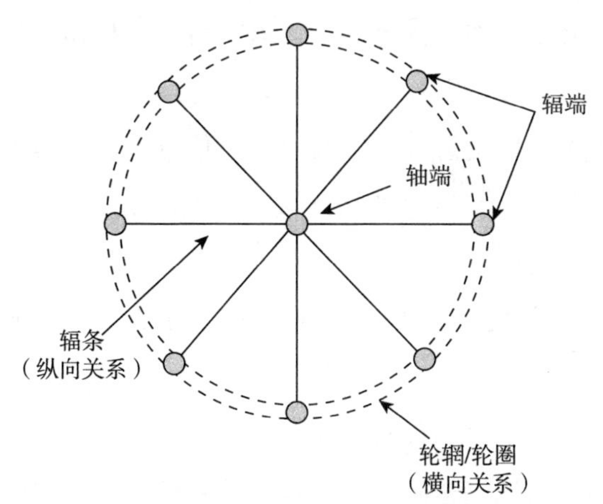


**图 5－1　“轴辐”协议图示**

在现实观察中，能够形成图 5－1 的协议并不一定以“轴辐”的形态出现，换言之，形成“轴辐”的形态并不是判定“轴辐”协议的标准，有些能够展现出同样运行机制和竞争损害的垄断协议即便没有明显地展示出“轴辐”的形态，实际上也可以被视为“轴辐”协议。我们需要回应的一个重要问题是，判断“轴辐”协议的标准应该在于什么？我国《反垄断法》第19条和第56条第2款给出了比较明确的回应。首先，《反垄断法》第19条并没有“创造”出一种新的垄断类型，法定的垄断协议依旧以横向和纵向垄断协议为主，因此，“轴辐”协议并不是独立于横向和纵向垄断协议而运行的，它依旧是一种以横向垄断协议为表现形式的违法行为。其次，《反垄断法》第56条第2款明确了经营者对其他经营者达成垄断协议进行组织或者提供了实质性帮助行为的违法性，明确了轴端经营者在垄断协议中的“适格主体”。同时也明确了轴端经营者在“轴辐”协议这种违法行为中的必要性。最后，“轴辐”协议的运行可以发生在具有供需关系的上下游市场交易者中，如“安徽信雅达等密码器企业垄断协议案”“州际巡回放映公司案”；也可以发生在不具有明显供需关系的市场中，如“湖南娄底保险行业价格垄断案”；也可以发生在我们所关注的平台经济市场中，如苹果电子书案。

在我们对于上述垄断协议行为的实际观察中，诸多垄断协议虽然都展现出横向垄断协议的特点，甚至他们所造成的竞争损害也类似于横向垄断协议，但是他们不无例外具有一个共同点，便是垄断协议的形成背后都能够找到一个“组织者”，使垄断协议的实施主体在缺少了这位“组织者”时便无法或者极难实施垄断行为。在“组织者”的参与下，垄断协议的“形状”则趋向于一个以“组织者”为轴端，实施者为辐端的“轴辐”协议，因此，我们便形象地对其作出了“轴辐”协议的定义。但作为一个标准性的判断标准，“轴辐”协议的分析重心并不在于其在市场中的跨度和经营者之间的竞争或交易关系，而应当以是否同时符合以下三个要素为准：

第一，轴端经营者与多于两个辐端经营者之间形成了联络，并且形成了对辐端经营者进行合作的组织或提供了实质性的帮助。这个要素的核心在于轴端经营者自身行为的属性，他与辐端经营者之间的联络可以是一种正常的交易，如供应链上下游市场中的经营者的交易活动，但是当他所产生的联络已经可以成为辐端经营者形成卡特尔的关键基础时，“轴辐”协议的构成基础也便自然而然地形成了。这里我们需要进一步明确的是这种联络的复杂性，“轴辐”协议并不是以单纯的轴端经营者或辐端经营者为实施主体。虽然卡特尔通常是在辐端经营者市场表现出来，但是协议的主导者可以是轴端，即形成了一种组织，也可以是辐端在组织卡特尔的同时，使轴端为他们提供了实质性的帮助。当然，我们目前所观察的“轴辐”协议大多属于前者，但并不意味着“轴辐”协议就是轴端经营者对卡特尔的组织，应当也包含了其为卡特尔提供帮助的可能性。

第二，所有参与协议的辐端经营者都充分地了解与轴端的联络内容，以及了解与辐端其他卡特尔成员之间的协议内容。如上所述，“轴辐”协议主要的表现形式依旧是以横向垄断协议为主，因此，在协议框架下，参与横向垄断协议的经营者，即辐端经营者应当首先了解与其他卡特尔成员之间的联络内容。此外，由于“轴辐”协议的运行还需要轴端经营者的组织和提供实质性的帮助，因此，辐端经营者还需要了解他们各自与轴端经营者之间的联络内容，以及卡特尔其他成员与轴端经营者之间的联络内容。这一点与垄断协议的一个关键特征高度相关，便是通过信息交换使市场中的竞争转化为合作。在“轴辐”协议下，信息的交换并不简单地包括横向经营者之间的互动，更重要的是，要求轴端经营者为卡特尔的形成提供信息交换的渠道。同时，这个渠道既发生在辐条上，又发生在轮辋上，换言之，“轴辐”协议必须使图 5-1 的辐条和轮辋上的信息传递变得可行且尽可能高效。

第三，所有辐端的经营者都能够对其他经营者的行动作出积极的回应。这里关于积极回应的理解分为两个层面：首先，积极回应意味着所有经营者都存在希望组织并构建垄断协议的动机，这种动机是构建在协议内部关于协议内容等信息的对称基础上的。其次，积极回应意味着所有经营者都对协议的构成和运行具有主动性，而不是某些经营者是被动加入垄断协议的。因此，这个因素强调了“轴辐”协议的运行是符合了协议中所有参与者（包括轴端和辐端的经营者）共同利益目标，换言之，当协议中参与者的利益目标出现矛盾时，协议的维持和运行将受到显著的阻碍。

从运行特征来看，“轴辐”协议强调了信息的价值。我们聚焦平台经济领域，经营者有效的经济活动依赖了数据为其提供的信息价值，实际上平台经济市场中的经营者获得的收益相当程度上是来自数据要素价值化过程，因此，平台经济中的“轴辐”协议更多地关注了信息的价值。进一步地，作为平台经济中两类主要参与者，即平台经营者和平台内经营者，前者通常具有信息上的绝对优势，虽然我们不能因此而将平台经营者定性为“轴辐”协议的组织者，但是他的确可以为平台内经营者的合作提供以信息为基础的帮助。相较于平台内经营者，平台经营者具有十分明显的技术优势，这种优势能够使平台在算法设计和数据处理方面成为一个信息的中介，以交易路径为基础，将信息传递给有动机达成共谋的平台内经营者。因此，这种轴辐型的共谋通常被归为算法共谋的一个组成部分（Ezrachi，Stucke，2017）。[1]

正如算法共谋特点所表现的特征，以算法和数据为基础的“轴辐”协议实际上是帮助了参与共谋的经营者突破了市场中，尤其是由市场竞争压力所产生的信息“黑箱”的阻隔，使经营者可以在很多经济活动中与竞争对手实现合作，降低竞争压力给他们带来的成本。反观传统经济市场，卡特尔的组织和维持存在着较大的成本。具体而言，虽然共谋行为可以让参与卡特尔的经营者的利润从竞争水平提升为趋于垄断的水平，但是共谋的成本十分显著。

首先，如表5－1所示，由两个参与者展开的博弈（市场竞争）过程中的纳什均衡（Nash equilibrium）是他们同时

〔1〕 Ariel Ezrachi，Maurice E. Stucke，“Artificial Intelligence & Collusion：When Computers Inhibit Competition”，*University of Illinois Law Review*，Vol. 1，No. 5.，2017，p. 1781.

选择竞争状态，共谋实际上是通过一种外生的力量使他们从竞争的均衡转向为合作的均衡，而这个外生的力量便是通过沟通而进行的信息互换，让经营者在制定决策时将那些也能够符合竞争对手需要的因素考量在内。当竞争双方都根据这个信息集合来完成满足对方需要的决策时，两者则都能够达到更优的效果。但我们同时需要明确的是，当两者均在合作的状态时，任何一方的退出都能够在短期产生极不对称的收益，即退出一方获得更大的收益，另一方承担更大的损失。退出一方获得的收益则可以被视为两者维持卡特尔的机会成本，当这种机会成本快速增加时，则会明显地强化卡特尔成员退出的动机，使卡特尔变得极不稳定。

**表 5－1　囚徒困境与纳什均衡**

| | | 经营者 2 | |
|---|---|---|---|
| | | 竞争 | 合作 |
| 经营者 1 | 竞争 | 2，2 | 8，1 |
| | 合作 | 1，8 | 6，6 |

（注：表中第一个数字为经营者 1 的收益；第二个数字为经营者 2 的收益。）

其次，反垄断执法部门的一些制度性的安排也可以形成加速卡特尔瓦解的因素。例如，横向垄断协议宽大制度给那些退出并举报卡特尔的成员赋予了一定的“回馈”。我国《国务院反垄断委员会横向垄断协议案件宽大制度适用指南》（以下简称《宽大指南》）第 13 条明确了经营者在退出卡特尔并申请宽大时，可以按照经营者退出的顺序根据给定的比例，对其罚款进行不同程度的减免。在某种程度上给予了经营者在退出卡特尔时的“收益”，换言之，进一步增加了经营者继续停留在卡特尔内部时的成本。《宽大指南》的另一个优势在于，它并未将“申请宽大”行为与“罚款减免”效果划等号，而是强调了根据申请宽大的顺序给予减免，说明了获得减免应当符合两个基本条件，其一是申请宽大，其二是申请宽大的顺序应当符合《宽大指南》中所规定的节点。换言之，《宽大指南》不仅强调了经营者退出卡特尔这个实际行为，同时还强调了退出的时间，越早申请宽大的经营者能够获得越大比例的罚款减免，这不仅从成本收益的角度激发了经营者退出卡特尔的动机，同时从差异化的减免比例安排上提前了经营者的退出时点。

从传统经济市场中横向垄断协议的成本收益特征中不难发现，经营者实施垄断的成本较高，同时也阻碍了他们构建和维持卡特尔的动机。传统经济市场中卡特尔构成和维持的难点主要来自三个因素的缺失：组织机构、监督机构、惩罚机构。①缺少了必要的组织机构使经营者在进行共谋时不能充分地获得和识别合作者有效的信息，使其在合作时所作出的决策很有可能会与最优的水平产生偏离，降低了卡特尔获得垄断收益的效率。②缺少了必要的监督机构使卡特尔内部成员有损其他成员甚至是卡特尔稳定性的行为不能够在短期被观察到，提高了卡特尔的维持成本，或者说降低了卡特尔的“安全性”。③缺少了有效的惩罚机构使退出卡特尔这个行为近乎于零成本，当卡特尔成员发现继续停留在卡特尔内部所获得的收益降低时，无门槛退出会直接提高成员退出卡特尔的动机并促成实际行为，进一步降低了卡特尔的稳定性。当卡特尔能够带来的有效收益和稳定性持续降低时，便会引起经营者的另一个决策制定的困扰，这便是经营者组织卡特尔的初始动机。在理性人假说的基础上，经营者组织和加入卡特尔的根本依据是，卡特尔能够为其带来更高的利润，但是当他们理性预期到在上述多重影响下，卡特尔的实际收益以及卡特尔的稳定性并非在理想水平时，他们则会在初始阶段便消除了组织卡特尔的动机。

在平台经济市场中，平台经营者的技术优势在很大程度上弥补了传统经济中关于卡特尔维持的效率缺陷。首先，平台本身既是一个交易中介，又是一个信息中介，同时也是一个技术优势的拥有者，它可以通过收集和发送信息增加平台内经营者用以构成卡特尔的有效信息，提高卡特尔在形成过程中的质量。其次，平台的技术优势以及平台与平台内经营者持续的交易关系，使平台可以与参与卡特尔的经营者之间构成稳定的且深入的联络，使平台可以在一个全面的系统中对经营者的行为进行持续观察，进而实现对经营者的监督。最后，平台大多具有相关市场中的支配地位，当参与卡特尔的平台内经营者退出卡特尔时，他可能会失去平台为其提供的大量的交易机会，增加了平台内经营者退出卡特尔的机会成本，这个成本则可以被视为平台对退出卡特尔的平台内经营者所实施的反制或惩罚，从成本侧稳固了卡特尔。因此，平台经济视角下的垄断协议能够形成“轴辐”协议形态的基本依据是：首先，平台可以作为一个卡特尔组织和维持的关键机构，换言之，平台经营者的加入极大程度地削减了平台内经营者共谋的信息成本；其次，平台的关键行动是提供必要的信息交换和监督，即平台经营者以其技术的优势降低了卡特尔的维持成本。

我们以“梅耶诉卡兰尼克案”为例，围绕上述内容讨论平台经济市场中的“轴辐”协议。在该案中斯宾塞·梅耶指控优步公司（Uber）利用算法构建了司机之间的价格协议。分析这个案件的关键因素主要包含以下几个方面：

第一，优步公司与司机之间的价格协议。原告主张优步公司与司机之间的合同涉及了两者之间的纵向价格协议，我们首先能够明确优步与司机之间具有了交易关系，即司机使用交通运输资源在优步的算法下获得与乘客的交易机会，并将运输所得与优步进行分割。当公司与司机签订合同后，司机便认可了优步通过算法来制定价格和其他交易条件的行为，在这个过程中，优步也完成了通过算法穿透司机价格决策，直接在乘客端进行定价的机制。当接入优步的所有司机都签订了上述合同后，以优步为轴端的价格机制便自然而然地形成了。而优步则可以通过算法的设计和调整，在整个司机一侧（即辐端经营者）中统一地调整价格，例如，优步“峰时定价”允许在乘客需求量增加时将车费成倍地增长。这里的定价方案和价格变动从市场竞争的视角来看并无大的问题，因为交通运输资源的供需引致价格的变动是一个市场机制的展现，而其根本的问题在于这种价格的制定和变动是协同性的，是优步通过算法来完成的。它反映出来的一个直接效果是，市场中司机端的竞争几乎被消除，使我们所观察到的价格并非是竞争价格，而更多的是一种协同性的价格。

第二，司机参与和遵守价格协议的动机。司机遵守价格协议的动机主要包含了价格效应和承诺效应两个方面：首先，价格效应类似于一种直接动机，当优步的算法在某一特定地区的某一特定时间内协同性地进行了涨价操作后，由于市场中缺少必要的竞争，消费者会为搭乘优步缴纳更多的乘车费用，在给定的利润分配模式下，司机则能够因此获得更高的收入，提高了司机遵守价格协议的动机。其次，承诺效应来自优步定期为司机组织的见面和集会活动。司机在这些场合内可以进行交流和沟通，并有机会彼此了解优步的统一定价策略，打通司机之间的信息屏障，使司机能够具有充分的信息来遵守优步的价格策略。承诺效应实际上是打破了囚徒困境下的信任障碍，降低了共谋者进行合作时由于相互不信任而带来的成本，强化了价格卡特尔的稳定性。

第三，价格协议背后的算法的必要性。我们可以假设一种情景，将优步的算法定价从网约车市场中剔除。在这个情景下，优步仅仅为司机和乘客提供交通运输资源的信息，同时按照事先制定的分成比例与司机进行费用的划分。此时，相较于价格协议的情景，市场会出现两个重大的变化：其一是市场中的网约车价格会发生极大程度的差异化，并且伴随着整体价格的降低。这是由于在同等交易条件下，司机为了获得更多的交易机会，会通过调整自己所设置的价格而提高竞争力，当司机间的竞争重新回到市场中时，价格将趋于竞争水平。并且由于竞争的存在，司机也没有过大的动机将价格提升至一个高的水平上。其二是司机直接进行价格协同的可能性大幅度地降低，由于司机的分布在城市间是高度离散的，因此，在没有外力干预的情况下，司机之间进行大规模的联络和基于价格进行广泛的协同是很难发生的。缺少了必要的技术支持使司机的价格协同难度提升。同时，技术还可以带来司机遵守统一价格的监督功能，而当算法缺位时，司机之间即便遵守了某种价格协议，他们之间的相互信任也会由于监督机制的缺失而弱化甚至消除。

第四，价格协议对市场竞争产生的损害。首先，由于弱化了平台市场中的竞争，优步的价格协议产生了比较明显的排除和限制市场竞争的效果，通过调整价格可以将司机的一个统一价格定制在其他网约车平台无法接受的水平之下，使竞争平台无法在价格竞争中获得合理收益。其次，优步公司在相关市场中的支配地位放大了其损害竞争的效果，原告主张优步所处的相关市场仅为以手机应用软件为主导的网约车市场，由于排除了巡游出租汽车和租赁汽车，优步的市场份额得以展现，约为80%。优步绝对性的市场支配地位使其能够相较于竞争对手更好地实现规模经济，使整体的降价行为依旧能够为其带来收益，但这个降价幅度对竞争对手来说是致命的。最后，正是由于优步的市场支配地位，直接降低了潜在乘客的价格弹性，使他们可以选择优步以外的网约车平台的难度提升，换言之，优步在网约车市场中具有相当程度的不可替代性，使乘客在选择网约车时很大程度上不得不接受优步所提供的服务。

结合上述分析我们不难发现，对平台经济市场中的“轴辐”协议的判断基本上可以依照于上文所提出的三个要素展开。以优步公司为例，首先，它自身构成了垄断协议的组织者或者构成了为垄断协议的形成提供帮助的协作者，即便优步自身并不直接为乘客提供运输服务，它也可以通过高度联络的司机来完成价格协议。优步公司进行价格协议的核心工具是数字技术，在技术的层面上，优步公司打通了司机之间的信息渠道，使司机可以形成有效联动。其次，参与价格协议的司机能够充分知晓优步的定价机制，同时，司机之间也能够彼此了解到对方与优步之间的价格协议。最后，司机通过签订合同也对上述价格协议进行了积极的反馈和执行，不仅具有参与价格协议的动机，也形成了遵守协议的实际行动。

## 第二节　“轴辐”协议的经济学分析

目前关于平台经济领域的“轴辐”协议的经济学分析尚处于探索阶段，关于传统的“轴辐”协议的分析大多集中在纵向协议的信息交互以及横向协议的竞争损害方面。本章将围绕平台经济市场特征，对“轴辐”协议的动机分析、主体分析、协同溢出分析等方面展开讨论。具体来说，首先，参与“轴辐”协议的不同经营者存在差异化的利润目标，使得协议的产生和运行存在多个条件，既要符合组织者的利润目标，又要符合参与者（执行者）的利润目标。同时，在平台经济市场中，平台所接入的不同用户群体之间又会对协议内的经营者决策产生影响，因此，对平台经济市场中的“轴辐”协议动机分析应是一个基础性的经济分析工作。其次，参与“轴辐”协议的主体具有多样性，协议可以是由平台本身来组织的（现有大多案例也正是如此），也可以是由平台内经营者组织并由平台协助的，因此，不同的组织主体会导致协议的实施路径和利润分配出现较大不同。对“轴辐”协议主体的分析可以帮助我们更加清晰地厘清协议的多样性，以及提出针对性的规制方案。最后，协同溢出分析是我们在平台经济领域中比较关心的一个话题，多归属性使平台内经营者可以接入不同的相互竞争的平台，进而使平台内经营者的相互竞争可以发生在不同的平台上。但是，“轴辐”协议并非发生在全部的平台内，在有些情况下，“轴辐”协议可能仅发生在一个平台内，使参与协议的平台内经营者仅在一家平台上实现共谋，而由于竞争平台并未给平台内经营者提供必要的帮助，使得这些经营者在其他平台上依旧处于竞争状态。但我们需要了解的是，当一家平台为平台内经营者的共谋提供了有效帮助时，他们为了在更大的平台市场内部获得更多的垄断利润，有动机将已经收集的信息转移至其他平台，而进行更大范围的共谋。此时，我们则需要关注竞争平台作为潜在共谋主体的动机，我们可以将这个情形称为“轴辐”协议的协同溢出。

## 一、动机分析

相较于传统的横向垄断协议，“轴辐”协议涉及的参与者相对更多，主要包含了轴端的经营者和辐端的经营者。我们要同时明确的是，轴端的经营者并不一定是协议的组织者，而是更多地扮演了为协议的运行提供实质性帮助的主体。此外，相较于传统经济市场，平台经济市场下的“轴辐”协议的形成和运行还受到了接入平台的其他用户以及竞争平台的影响，当接入平台的其他用户在该平台上由于协议的存在而未获得较好的交易条件时，他们会选择转移至其他平台。在网络外部性的作用下，即便协议能够为在该平台进行交易的平台内经营者带来反竞争的收益，他们参与“轴辐”协议的动机也会弱化，这是由于消费者的转移而带来的平台规模的下降。

延续上述逻辑，我们将首先讨论参与“轴辐”协议的两类主要经营者的动机。不同于横向或纵向垄断协议，“轴辐”协议的构成需要同时满足轴端经营者和辐端经营者的共同目标。因此，无论轴端经营者是协议的组织者还是提供帮助的参与者，我们都可以将他的利润目标涵盖在“轴辐”协议的整体预期利润中。聚焦平台经济市场，轴端经营者通常是平台经营者，辐端经营者则是平台内经营者。平台组织或参与“轴辐”协议的目的是通过消除平台市场竞争来获得利润，但平台经济下的市场竞争通常是一种流量的竞争，换言之，平台经营者的市场竞争力是来自扩大平台上交易量的需求。因此，平台经营者组织或参与“轴辐”协议的行为实际上是一种提升自身交易量的行为，同时，是控制平台内经营者所处的市场竞争程度的一种行为。

具体而言，平台经营者通常不会直接地对消费者收费，平台的定价通常是针对平台内经营者来完成的。而平台内经营者在与消费者交易的过程中，会将平台费用融入自身价格中，换言之，平台的定价间接地转移到了消费者身上。这种定价模式实际上弱化了平台在接入用户的过程中，利用以价格为主的交易条件作为竞争工具的能力。在这个逻辑下，能够帮助平台在其所处市场中开展竞争的一个重要主体则偏移至平台内经营者，具体来说，平台通过控制和调整平台内经营者对消费者的行为决策来改变自身在市场中的竞争能力。我们还需要明确的是，平台内经营者的决策行为受到了他们多归属特征的影响，平台用户所具备的可行的多归属性实际上是平台间竞争的主要动因，也是决定了平台经济市场结构和竞争程度的关键因素。因此，在协议形成的动机分析中，我们需要考虑的一个关键因素是平台经济市场的市场结构和竞争程度。

如图 5 –2 所示，平台内经营者集合中的群体 C 与平台 A 形成共谋，这里我们可以考虑这个垄断协议是由平台 A 组织的，也可以认为平台 A 只为协议提供必要的帮助。此时可以将平台 A 与参与共谋的平台内经营者 C 视为一个整体，即由轴端 A 和辐端 C 组成的垄断协议，垄断协议的形成和运行需要同时符合 A 和 C 的利益。对于平台 A 来说，其核心的利益在于弱化他与平台 B 的竞争，从而能够通过独占市场而获得趋于垄断的利润；对于经营者群体 C 而言，在没有外生干预他们多归属的情况下，他们需要在协议中获得更高的利润，这个利润是来自他们在自身所处市场中的竞争力的提升。

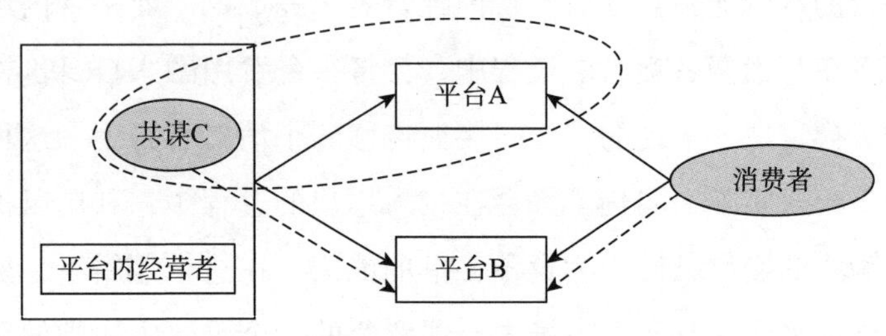


**图 5－2　市场结构与“轴辐”协议**

首先，当平台经济市场中的竞争程度较高时，平台 A 和平台 B 之间存在十分明显的抗衡关系，这个抗衡关系主要来自两家平台较强的相互替代性。我们同时假设接入平台的两个用户群体，平台内经营者和消费者都是多归属且没有外力干预的（例如，“二选一”条款不存在）。此时，平台 A 和经营者群体 C 进行共谋的主要目的在于排除市场竞争。这里我们所讨论的市场竞争的弱化主要涵盖两个层面，其一是平台经营者市场中的竞争弱化，其二是平台内经营者之间竞争的弱化。在这种情况下，“轴辐”协议实施的主要手段相当于一个协同性的排他工具，例如，经营者群体 C 统一执行一个较低的价格或者给予消费者更好的交易条件，使群体 C 以外的平台内经营者面临竞争压力，而无法继续在平台经济市场经营。在这种情况下，消费者会大量地流向平台 A 中的经营者群体 C，造成了上述两个层面的市场竞争弱化。具体而言，经营者群体 C 获得了大量的消费者，使与其竞争的其他平台内经营者的利润降低；同时，消费者流向经营者群体 C 意味着平台 A 相较于平台 B 能够获得更大的交易规模，提高了平台 A 在平台经济市场中的竞争力和市场份额。在“轴辐”协议下的消费者流动则实现了参与协议所有经营者的利润目标。但是我们可以很容易地发现，在市场运行过程中，结果并非观察到的这么简单，达到上述结果需要严格满足以下条件：

（1）参与共谋的经营者群体 C 规模足够大或经营者群体 C 的可替代程度不高。当“轴辐”协议形成后，直接受到损失的是那些接入平台 A 的没有参与共谋的经营者。在利润降低时，他们为了补偿损失，则会将更多的交易机会转移至平台 B，使平台 A 在平台内经营者规模层面相对协议形成前有所降低。若参与共谋的经营者群体 C 规模不大，则转移至平台 B 的经营者群体相对具有更大规模，在网络外部性作用下，会吸引较多的消费者从平台 A 切换至平台 B，在整体交易体量上使平台 A 面临损失，进而弱化了“轴辐”协议为参与者带来的利润。因此，抑制这种趋势的条件是平台内经营者群体 C 具有相当程度的不可替代性，此时消费者在转移后，将失去在平台 A 上获得群体 C 给他们带来的更好的交易条件，则消费者转移动机会相对降低，进而继续停留在平台 A 上，保持了平台 A 的交易体量，也会进而降低群体 C 以外的经营者转移至平台 B 而获得利润。

（2）参与共谋的经营者群体 C 进行共谋的机会成本足够

低，且能够被共谋收益所充分补偿。这一个条件主要涉及了“轴辐”协议辐端经营者参与协议的核心动机，平台内经营者接入不同平台的多归属性并不是由他们是否参与垄断协议而决定的，换言之，经营者群体 C 参与“轴辐”协议并不会干扰他们的多归属性。当经营者群体 C 所涉及的垄断协议能够为平台 A 带来更多的交易体量时，意味着平台 B 能够为其平台内经营者带来的交易机会同步降低，这里的平台 B 内经营者也同时包含了在平台 A 中参与垄断协议的经营者群体 C。简言之，“轴辐”协议在平台 A 上的运行一方面增加了经营者群体 C 在平台 A 上进行交易的收益，在另一方面，降低了经营者群体 C 没有在平台 B 上进行交易的成本，该成本则是经营者群体 C 参与“轴辐”协议的机会成本，若这个成本可以忽略不计，或者这个成本可以被垄断协议带来的收益充分补偿，经营者群体 C 则具有了充分的动机参与协议。否则，“轴辐”协议将产生图 5－2 上双虚线箭头所指向的方向：垄断协议无法为辐端经营者带来更大的利润，使他们随着消费者的转移而随之切换至平台 B，导致垄断协议的稳定性大幅度降低，或者可以认为，“轴辐”协议的构建将面临极大的困难。

其次，当平台经济市场中的竞争程度很低，通常发生在平台经济市场的结构十分集中的情况下。例如，上一节所讨论的“优步案”，由于缺乏了充分的市场竞争，平台参与“轴辐”协议的难度将显著降低。此时的“轴辐”协议通常是以剥削消费者剩余（consumer surplus）为主，通过协同性的交易条件将消费者剩余转化为参与垄断协议的经营者的利润。我们在这个情况下主要关注三个要点：①消费者在市场集中度很高的平台经济市场中丧失了必要的选择。虽然此时在平台经济市场中存在着竞争，但是相对于平台 A，平台 B 在技术、产品、服务等方面都具有绝对性的劣势，使消费者即便接入平台 B 也不能获得预期的效用，直接降低了平台 B 相对于平台 A 的替代性，使消费者的转移以及消费者的转移所带动的平台内经营者的转移大幅度降低。②高的市场集中度显著地提高了信息不对称程度。消费者转移的缺位使消费者能够触及的不同交易条件的可能性随之降低，进而弱化了消费者对交易条件的比较机会。平台 A 的垄断协议将消费者的信息获取、产品交易等环节控制在了本平台中，使消费者无法在足够大的环境中获得真实的信息，换言之，消费者所获得的信息都是由平台 A 和其共谋者所“创造”的，进而将消费者控制在信息的“孤岛”中。③在市场集中度较高的平台经济市场中，“轴辐”协议下的辐端经营者规模通常很大。对于平台内经营者而言，他们相对于平台的议价能力通常来自平台间的竞争程度，当平台间的竞争程度降低时，平台内经营者可以选择的空间随之缩小，使参与共谋这个选项对于他们来说是一个更优的决策。因此，当平台内经营者的群体 C 参与“轴辐”协议时，会使其他平台内经营者为了避免“轴辐”协议下的竞争损害给他们带来的利润降低而随之加入协议，使平台 A 为轴端的协议涉及的轮辋变得更大，进而对消费者产生的竞争损害也将随之增加。

## 二、主体分析

从理论上来看，“轴辐”协议中对市场造成实质性竞争损害的主体是辐端的经营者，但是，如果没有轴端经营者的组织或者为辐端经营者提供必要的帮助，辐端经营者形成的横向垄断协议则无法有效地实现。因此，“轴辐”协议的一个形成特点是，它是通过轴端和辐端经营者之间的合作而双向形成的，两条形成路径的可行性缺一不可。这也是为什么我们在“轴辐”协议的讨论中要强调轴端经营者可能表现为组织者或帮助者两种属性，换言之，实现“轴辐”协议的主导者可以是轴端经营者，同时也可以是辐端的经营者。但通常在平台经济市场中，相对于平台内经营者，平台经营者具有绝对性的技术和信息优势，一般情况下都扮演了协议组织者的角色。

从平台经营者出发，他能够从“轴辐”协议中获得的收益并非是他直接从消费者群体中获取的，而是通过辐端的平台内经营者所展现的横向垄断协议中获取的。具体而言，通过组织平台内经营者进行共谋，并为共谋提供必要的帮助，使平台内经营者可以从消费者剩余中获得更大的利润，从而给平台自身带来更高的收益。因此，以平台经营者的利润目标为基础，他能够成功组织“轴辐”协议的基础在于，平台内经营者是否可以协同性地服从平台的垄断协议安排？这个条件主要在于平台内经营者在垄断协议下是否可以获得较之前更高的利润。因此，平台经营者在设计垄断协议时应当考虑平台内经营者的利润构成。为了更加清晰地描述上述问题，我们通过一个简单的公式来表示平台内经营者参与“轴辐”协议时的利润，用$\pi_M$来表示这个利润，则可以将其描述为：

$$\pi_M = R_M + \pi_O - c - f \tag{5.1}$$

公式（5.1）是一个给定的平台内经营者在参与“轴辐”协议时能够获得的利润的简化表达，其中$R_M$是在组织“轴辐”协议的平台内获得的收益，而$\pi_O$则是在其他竞争平台上获得的利润，这个设定主要强调了平台内经营者多归属的特征，他即便参与了某一个平台所主导的“轴辐”协议，也并不违背他依旧能够通过接入其竞争平台而获得收益的可能。此外，$c$和$f$分别表示了两个成本：$c$是平台内经营者与其他经营者实现共谋而承担的成本，这种成本包括了经营者之间在意思联络、相互监督、相互协同过程中所产生的成本；$f$表示了组织“轴辐”协议的平台给参与协议的平台内经营者制定的价格，也可以表示为“轴辐”协议在产生利润时轴端与辐端经营者之间的利润分配。因此，$f$的存在实际上也反映了平台组织“轴辐”协议的动机，即他可以通过平台内经营者的利润获得相应的垄断收益。若“轴辐”协议不存在，我们假设平台内经营者的利润为$\pi_C$。这个利润是平台内经营者在平台经济市场进行相互竞争时所获得的竞争利润。

反观平台经营者，他的利润一方面来自参与“轴辐”协议的平台内经营者所缴纳的费用，另一方面受制于组织协议而承担的成本，我们用$e$来表示平台对构建和运行“轴辐”

协议所进行的投入，$e$ 所产生的两个效果分别是：①增加了平台组织“轴辐”协议的成本 $G(e)$，即 $G'(e)>0$；②通过降低平台内经营者共谋成本 $c$ 而提高了横向垄断协议的效率，即 $c'(e)<0$。此外，我们也对平台经营者设定一个基准的利润，当“轴辐”协议不存在时，该平台的利润为$\pi_P$。这个基准的利润水平描述了平台经营者参与竞争时的竞争利润。

基于以上模型设定，“轴辐”协议在平台经营者的组织下可以得以实现的条件应满足：

$$n\times f-G(e)>\pi_P \tag{5.2}$$

$$R_M+\pi_O-c(e)-f>\pi_C \tag{5.3}$$

其中 $n$（$n\geqslant 2$）表达了参与“轴辐”协议的平台内经营者数量。当条件（5.2）和（5.3）同时满足时，“轴辐”协议将会成立。虽然协议的主导者是平台经营者，但是仅满足条件（5.2）并不能够使协议成立，这是由于“轴辐”协议必须发生在一种合作的模式下，不仅是辐端经营者之间的合作，还包括了轴端和辐端经营者之间的合作。

不难发现，在给定其他条件不变的情况下，平台对“轴辐”协议的投入水平在组织协议的可行性上发挥了至关重要的作用。从协议运行机制背后的逻辑来看，平台的投入实际上是一种构建在成本分摊基础上的收益转移。具体而言，成本分摊指的是，平台通过技术性的投入大幅度降低了平台内经营者实施垄断协议的成本，换言之，平台分摊了平台内经营者进行共谋的成本。收益转移指的是，平台通过制定费用将平台内经营者在共谋中获得的收益转移至自身的利润中，弥补了平台本身不能够直接参与共谋而形成的潜在损失。此外，我们可以发现，平台的投入水平对平台本身的利润和平台内经营者的利润具有反向的作用，当投入水平增加时，平台的利润降低，而平台内经营者的利润增加，这就需要平台对“轴辐”协议的投入处于一个合理的区间内。如图5－3所示，平台组织共谋的可能仅发生在$\pi_P$水平之上（第一象限中$e<e_H$的部分），而平台内经营者参与共谋的可能仅发生在$\pi_C$水平之上（第四象限中$e>e_L$的部分），这便给我们创造了两个关于平台投入的关键值。当平台的投入水平落入这两个关键值所构成的区间时，即当$e\in(e_L,e_H)$时（用图中的阴影部分表达），“轴辐”协议大概率可以形成并顺利地执行下去。

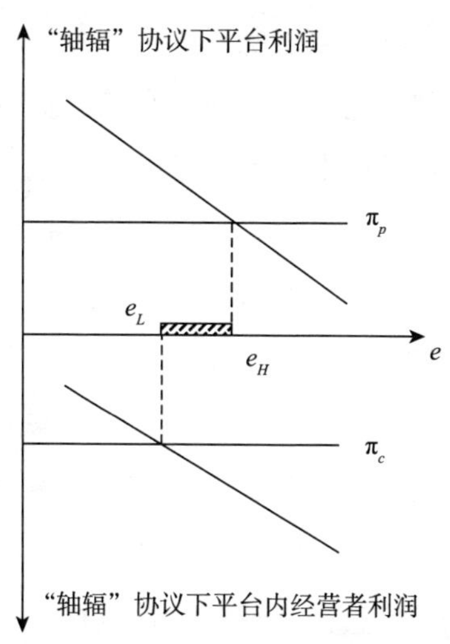


**图5－3　“轴辐”协议的双重条件**

以上关于“轴辐”协议的动机分析仅限于一个基准的经济学模型，换言之，我们仅考虑了平台经营者对协议的投入水平，而将其他变量进行了控制。在关于“轴辐”协议的参与者动机的进一步分析中，我们还需要考虑以下几个因素，对我们得到的上述结果进行细化：

第一，参与“轴辐”协议的平台内经营者的外部选择。平台内经营者参与“轴辐”协议的外部选择包括了他们不参与协议以及他们在其他平台上能够进行交易这两种主要的情况，在模型中我们分别用$\pi_O$和$\pi_C$表达。当这两个外部选择能够为平台内经营者带来更高的利润时，他们会弱化参与“轴辐”协议的动机。首先，若平台内经营者不参与协议，他们将在一个或多个平台上展开竞争，并获得竞争利润。当平台内经营者所处的市场中竞争程度并不十分高，不会产生巨大的竞争压力并抑制其利润时，他们则能够从竞争中获得充分的利润，进而弱化了组织或参与垄断协议的动机。其次，更加重要的，平台内经营者的多归属特征使他们在一个平台内进行共谋，在另一个或另外多个平台内还需要展开竞争。此时，如果他们在其他平台内展开的竞争由于垄断协议的存在而受到较大影响，他们会考量这个影响带来的利润损失，如果出现“得不偿失”的效果，则平台内经营者也会降低参与“轴辐”协议的动机。

第二，技术和信息在“轴辐”协议中发挥的功能。在平台经济中，平台为“轴辐”协议带来的主要贡献（无论他们是协议的组织者还是参与者）是为垄断协议提供了必要的帮助，这个帮助主要在于对协议参与者在信息和技术层面的支持。由于平台经济市场活动已经穿透了时间和空间的阻隔，使那些可能可以参与垄断协议的平台内经营者分布范围更大、更加离散，导致了他们进行意思联络的难度增加。而平台经营者的介入，使平台内经营者进行意思联络的成本大幅度降低，降低的幅度主要来自数字技术和信息在打通平台内经营者之间信息“孤岛”中的作用，当这种作用带来的边际效果持续增强时，平台经营者的介入则能够为“轴辐”协议的形成发挥关键性的作用，也便同时提升了平台内经营者参与协议的动机。

第三，参与“轴辐”协议的两类经营者之间的相对议价能力。我们虽然从图 5－3 中可以发现“轴辐”协议的成立虽然可以使平台经营者与平台内经营者实现双赢，但这种双赢必须来自两者具有十分明显的交易关系。反映交易关系的路径在于前者向后者所制定的价格或某种费用。而两者之间的交易关系是构建在相互博弈的基础上的，换言之，“轴辐”协议的形成并非是由某一类经营者绝对主导的，协议带来的价值是通过轴端和辐端经营者之间的议价而实现分配的。当轴端经营者，即平台相对于平台内经营者的议价能力极强时，他则有动机利用其议价能力获得更大比例的收益分配，例如，大幅度提升了 $f$ 的水平，从而降低了平台内经营者参与协议的动机，这也反映出协议中轴端和辐端之间合作的稳定性，当某一端经营者过度地使用了其议价能力时，合作的稳定性也将被削弱。

## 三、协同溢出分析

在上文的分析中，我们讨论较多的一个问题是，当平台经济市场中存在较明显的竞争时，参与“轴辐”协议的平台内经营者之间的竞争可能会出现一种不对等的状态。具体而言，平台内经营者可以在一个平台内进行共谋，而在另外的平台上展开竞争。造成这个情形的主要原因来自两个方面：①平台经济市场中的“轴辐”协议大多是由平台经营者主导并组织的，不同的平台对组织垄断协议存在差异，便会导致“轴辐”协议并不是在各个平台内大规模出现的；②平台经济市场中的“轴辐”协议需要平台提供必要的技术和信息的支持，即便协议不是由平台主导的，在协议运行的过程中也需要平台提供必要的帮助，而不同平台的决策对这种协同行为也具有十分明显的差异性。这些因素均可以导致平台内经营者在不同的平台上存在既合作又竞争的“竞合”状态。

我们需要进一步追问的是，这种“合作”加“竞争”的状态给参与协议的平台内经营者带来了怎样的影响呢？回顾上文的分析，在某一个平台上进行共谋使平台内经营者承担着机会成本，机会成本主要包含了平台内经营者在其他平台上的收益。在“轴辐”协议下，平台内经营者在其他平台收益的变化主要来自消费者在面对协议时的转移，而这种转移又会影响到不同平台的交易规模。我们基于这种情况做一个简单的假设，考虑一个双寡头垄断的平台经济市场，包含了平台 A 和平台 B，平台内经营者和消费者都有多归属特征，当平台 A 组织其内部的部分经营者实施垄断协议时，这部分平台内经营者可能会在平台 A 上获得相对平台 B 上更多的利润。我们可以将这个现象理解为：从总利润的视角出发，参与协议的平台内经营者在平台 B 上获得了相对更小的利润。这便会导致那些在平台 A 上参与共谋的经营者为谋求一种可能性，将他们的共谋基础转移至平台 B，进而实现在平台 B 上的共谋，我们可以将这种情形称为是“轴辐”协议下的协同溢出。

协同溢出展现出了“轴辐”协议的几个风险点，这些风险点的组合可能会放大协议带来的损害。

首先，平台内经营者在平台 B 上的共谋基础可以来自他们在平台 A 上的共谋行为。虽然平台内经营者的共谋是来自平台 A 的组织或帮助，但是已经能够为平台内经营者的意思联络提供比较充分的信息支持，使这些经营者有动机在其他平台或其他市场的互动中形成协同。如图 5 –4 所示，当平台内经营者与平台 A 的轴辐形成后，辐端所获得的信息可以向其他平台延伸，成为他们在平台 B 上进行共谋的基础。这里我们可以尝试假设的是，平台内经营者在不同平台上能够交互的模式不尽相同，这就导致了平台 A 所提供的信息支持在平台 B 上并不能完全适用。因此，平台内经营者在平台 A 上所获得的信息可能会在平台 B 的共谋中有所折减，但当这些信息足以满足平台内经营者在平台 B 上实现共谋，并且共谋收益充分补偿共谋成本时，平台内经营者则比较显著地产生了在平台 B 进行共谋的动机和能力。

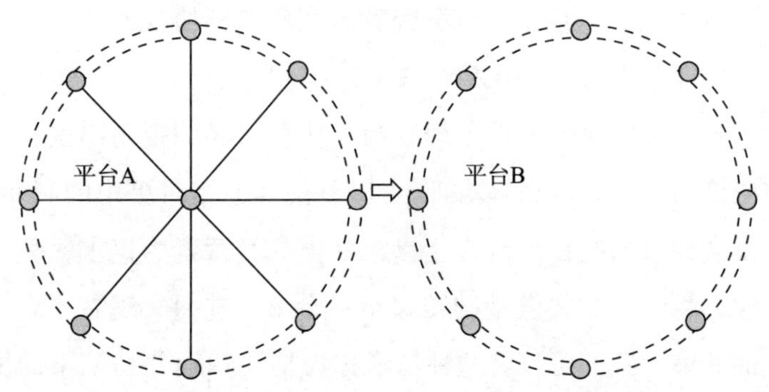


**图 5－4　“轴辐”协议中的协同溢出**

其次，协同溢出可能会带动平台 B 参与共谋。当平台内经营者将其在平台 A 的共谋通过有效的信息构成在平台 B 的意思联络时，可能会同时发生在平台 B 上的共谋。若平台内经营者在平台 B 上完成共谋并被平台 B 识别后，平台 B 会面临两个选择：①平台 B 对经营者的共谋行为进行制止；②平台 B 参与经营者的共谋。平台 B 在两个选择间的决策取决于哪种选择会为其带来更大的收益。如上文所述，平台来自共谋的收益并不是直接地对价格进行控制，而是通过那些能够直接与消费者进行交易的平台内经营者完成。因此，若平台 B 对经营者的共谋进行制止，他并不能直接消除这些经营者在平台 A 上的共谋行为，进而也不能直接消除这种共谋行为对其自身带来的影响。若平台 B 同时参与这些经营者的共谋，则会通过价格协同对来自平台 A 的共谋带来的冲击实现一定程度的平抑。例如，平台 A 上辐端经营者通过一个协同性的低价格吸引了大量消费者接入，降低了平台 B 的交易规模，在网络外部性的作用下，会进一步引起平台 B 上的经营者转移，放大了共谋对平台 B 的损害。当平台 B 同时加入共谋后，会使平台内经营者的价格在一个协同的操作下形成对平台 A 的对抗，降低平台 B 相对于平台 A 的价格劣势，缓解平台 A 上的共谋对其造成的冲击。

最后，协同溢出可能会将平台内经营者的共谋行为转化为平台之间的共谋行为。围绕上述两个风险点，我们可能产生的在平台经济市场中更大的反竞争担忧是，某一家平台上的“轴辐”协议可能会引起平台之间的协同，聚焦本例，平台 B 参与共谋的动机会被平台 A 的行为所激发。这种类型的协同通常具有两个特点：①平台间的协同过程具有动态性。平台间的共谋并不是同时发生的，通常会由一个平台率先组织部分平台内经营者进行共谋，当这种共谋通过平台内经营者传递至其他平台时，才有可能激发目标平台的共谋行为。②平台间的协同行为具有非对称性。通常情况下，首先发起共谋的平台是“轴辐”协议的组织者，而共谋溢出的平台通常已经观察到了平台内经营者的共谋行为，为了实现利润目标，共谋溢出的平台通常会对已经形成的共谋提供信息支持，此时，共谋溢出的平台更加类似于是“轴辐”协议的参与者或帮助的提供者。如图 5－5 所示，图中的箭头表示了共谋动机的产生顺序，虽然实现共谋的信息大多是平台经营者所提供，但是，平台 B 的共谋动机可能是由辐端经营者的共谋行为带来的。

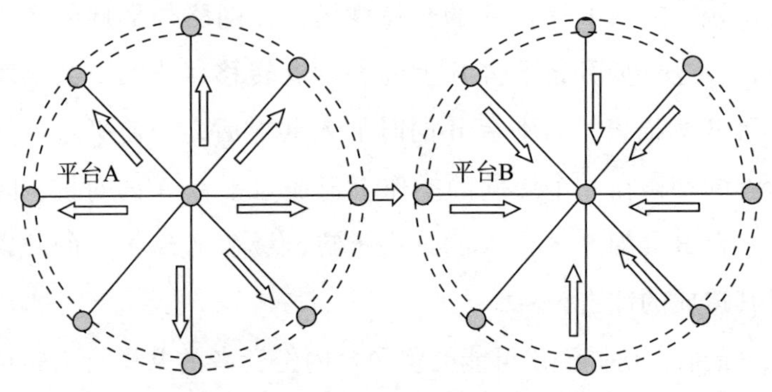


**图 5－5　“轴辐”协议的协同溢出动机顺序**

## 第三节　宽大制度：“轴辐”协议规制思路探索

“轴辐”协议的形式在传统经济中早已出现，在平台经济市场竞争与规制中开始被理论界和实务界所关注。在平台经济视角下，“轴辐”协议通常被视为一种基于算法的共谋，换言之，“轴辐”协议的形成与运行通常构建在一种数字技术的基础之上。在平台经济市场中，数字技术放大了市场中原有的信息不对称，说明了信息不对称已经不再仅来自经营者与规制者以及用户之间关于经营者行为观察层面的不对等，还同时来自这些主体在数字技术层面的差异。具体而言，平台经营者以数字技术和数据要素作为主要的生产经营工具，通过对接不同群体内用户间的信息实现交易，并从中获得收益，数字技术的高度运用为他们的行为带来了更多“神秘”色彩。此外，平台经营者对数字技术的运用通常发生在市场的“后台”，使数字技术的逻辑更加不易在市场中展现，而平台利益相关者所感受到的仅仅是数字技术的实际效果。这便为监管者对基于算法的共谋行为的监控、识别与规制增加了难度，虽然现有实践开始尝试提出对平台经济市场中垄断行为的技术性事中监管方案，但是尚处于探索阶段，还不能构建充分的对垄断行为的防范机制。

在监管者和经营者关于技术和数据的不对称环境下，现有研究尝试探索一种事前监管的方式，推动反垄断规制进入一种监管前置的阶段。例如，陈林等（2022）提出第三方举报机制的形成和完善可以较为有效地弱化垄断协议的稳定性。[1]第三方举报机制的运行逻辑主要在于经营者和利益相关者对垄断行为的观察，相较于监管者，在同一个市场平面的经营者通常具有类似的技术属性和开发能力，能够更加清晰地识别竞争对手的垄断行为。当第三方举报机制在市场中全面地实施后，可以增强对垄断行为的威慑力度，进而增加了垄断行为的识别概率和经营者实施垄断行为的机会成本，在经营者制定垄断决策的阶段便弱化了其相应动机。若垄断协议已经形成，第三方举报机制则从卡特尔成员内部便形成了差异化的威慑，增加了卡特尔内部成员退出卡特尔的动机，破坏卡特尔的稳定性。

延续以上思路，我们可以归纳出基于算法的“轴辐”协议规制的主要思路。“轴辐”协议的隐蔽性来自轴端与辐端经营者的联络，由此引致出的辐端经营者之间的联络。破坏

---

〔1〕 陈林、张涛、刘振鹏：《第三方举报、行业协会与垄断协议稳定性——基于案件卷宗数据的分析》，载《财经研究》2022 年第 6 期。

协议的关键并不在于对纵向联络的识别，而更多地在于对横向合作的弱化。这个思路主要出于两个考虑：①“轴辐”协议的损害是在于辐端经营者形成的横向垄断协议在市场中的表现，当这种横向垄断协议被消除后，即便轴端和辐端经营者依旧存在联络，也并不会显著地影响市场中的竞争。②“轴辐”协议中经营者的参与动机是复合的，既来自轴端经营者也来自辐端经营者，而辐端经营者通常代表了轴端经营者共谋意图，换言之，轴端经营者通过共谋而寻求利润的路径是来自辐端经营者的配合。因此，当规制手段可以有效消除辐端经营者的共谋动机时，则可以有效打破“轴辐”协议中横向垄断协议的协作，以及纵向垄断协议的联络。

基于此，我们可以将《宽大指南》中横向垄断协议宽大制度引入至“轴辐”协议的规制当中，这个思路目前可以回应我国《反垄断法》第19条在执法中的适用性问题，同时，也可以增加平台经济领域中“轴辐”类垄断协议的规制效率，降低执法成本。《宽大指南》的主要内容和功能主要体现在以下两个方面：其一是对卡特尔内部成员的成本收益结构的改变。在《宽大指南》的作用下，对于那些退出卡特尔并申请宽大的经营者而言，他们可以获得罚款上相当程度的减免。在囚徒困境的博弈中，停留在卡特尔内部给经营者带来的收益是协议带来的垄断收益，但也存在较大的机会成本，即卡特尔被识别后的处罚。当卡特尔成员申请宽大后，虽然失去协议带来的垄断收益，但是同时会降低退出后的成本，使推动经营者退出卡特尔的“收益－成本”差额缩小。其二是对卡特尔内部成员退出卡特尔的时序产生了影响。《宽大指南》对退出卡特尔并申请宽大的经营者得到的罚款减免进行了差异化的安排，那些更早退出卡特尔的成员可以获得更多的罚款减免甚至消除，这便在推动他们退出卡特尔的基础上强化了他们退出的动机。为了获得更多的减免额，卡特尔成员有动机先于其他的成员退出并申请宽大，从协议维持的时间上降低了卡特尔的稳定性。

从经济学视角来看，横向垄断协议宽大制度形成了对卡特尔成员退出卡特尔的一种激励相容机制。具体而言，卡特尔成员是否退出卡特尔取决于他继续参与垄断协议所获得的收益和相应成本之间的权衡，当后者无法被前者充分补偿时，即便没有外生的干预，卡特尔成员也会增加退出卡特尔的动机。而宽大制度事实上通过增加成员退出并申请宽大时的减免额度来增加成员继续停留在卡特尔内部的机会成本，使他们在卡特尔中获得的垄断利润无法充分补偿，进而自发地强化了退出卡特尔的动机。为了更加清晰地描述这个逻辑，我们可以将经营者停留在卡特尔内部和退出卡特尔的利润分别表示为$\pi_M$和$\pi_C$，并且可以进一步刻画为：

$$\pi_M = R_M - q \times P \tag{5.4}$$

$$\pi_C = R_C - \mu \times P \tag{5.5}$$

其中$R_M$和$R_C$分别表示了在卡特尔内部和退出卡特尔获得的收益，很显然$R_M > R_C$。此外，$q \in (0,1)$ 表示了卡特尔被识别的概率，$\mu \in (0,1)$ 表示了退出卡特尔并申请宽大时能够获得的减免额度，$\mu$ 越小说明减免额度越大。卡特尔成员自发地退出卡特尔的动机来自$\pi_C > \pi_M$条件的成立，而我们同时可以发现，当减免额度增加时，随着$\mu$的降低，会提高这个条件的成立可能性，即提高经营者自发退出卡特尔的动机。

关于横向垄断协议宽大制度在“轴辐”协议中的运用，主要体现了三个优势：

第一，宽大制度弱化了技术在监管中的必要性。对于诸如“轴辐”协议的算法共谋，事中监管的路径主要在于基于技术的监管，或者说需要反垄断监管部门对技术类的垄断行为进行持续的观测，并通过围绕技术的垄断行为预警系统展开。但在技术层面，监管部门与经营者之间依旧存在着较大的差距，这使得技术型的监管在短期无法充分地实现效率上的增进，同时，为了优化监管效果，还需要承担较大的监管成本。而宽大制度则突破了监管技术上的屏障，从经营者自身决策的影响机制入手，改变经营者在制定决策时的均衡条件。通过增加经营者参与垄断协议的机会成本，弱化实施垄断协议的动机，降低卡特尔的稳定性。

第二，宽大制度细化了反垄断监管所针对的主体。我国《反垄断法》第 19 条明确了“轴辐”协议中那些组织垄断协议的经营者的违法性，宽大制度从监管主体的方面对规制此类轴端经营者进行了细化。具体而言，宽大制度的主要对象是辐端的经营者，改变辐端经营者参与共谋的动机，使“轴辐”协议的轮辋无法有效形成。在这个情况下，轴端经营者的组织和帮助虽然可以形成以纵向关联为主的“放射性”辐射，但是他所连接的每一个辐端环节之间无法形成有效的联络，自然而然降低了轴端经营者组织垄断协议的收益，进而弱化了轴端经营者组织卡特尔的动机。因此，我们可以将宽大制度设想为一种连带机制，通过阻断辐端经营者共谋的动机，消除轴端经营者组织共谋的动机。

第三，宽大制度强化了平台经济领域中监管前置的效果。在这个视角下，宽大制度类似于第三方举报制度，宽大制度的构成和运行实际上创造了一个针对垄断协议的环境，在这个环境下运行的经营者在制定垄断协议决策之初（这里的经营者既包含了轴端的经营者，也包含了辐端的经营者）便需要将宽大制度给潜在的卡特尔成员带来的影响考虑在内。这个影响主要涉及了卡特尔成员参与并持续停留在卡特尔的意愿，宽大制度的强度设计关键性地弱化了这个意愿，增加了经营者在组织和参与垄断协议中的成本，使他们在制定垄断决策时更有可能选择“否”。这种宽大制度所构建的环境事实上从经营者最初的垄断决策中就发挥了作用，使垄断行为在不实际发生的情况下，便弱化甚至消除了经营者实施垄断行为的动机，推进了监管前置的形成，培育了一个反垄断监管前置的环境。虽然在《宽大指南》第 3 条中规定了指南的适用范围，即针对横向垄断协议，或更加具体地，针对那些相互之间具有竞争关系的经营者所形成的垄断协议。但是，这并不阻碍《宽大指南》在平台经济中“轴辐”协议的适用性，因为我们所强调的监管前置是在于通过抑制辐端经营者的垄断动机，来阻隔轴端经营者的实际意图，而轴端经营者的垄断行为恰恰属于横向垄断规制范畴。因此，在“轴辐”协议的规制方案设计中，可以尝试将《宽大指南》强化融入平台经济市场中，针对辐端经营者的动机进行扰动，培育监管前置环境，弱化轴端垄断动机。

# 第六章　平台经济中的大数据“杀熟”行为

## 第一节　价格歧视与大数据“杀熟”

从现有研究和相关实践观察来看，大数据“杀熟”是平台经营者对用户进行价格层面的差别对待，基于在位用户的购买习惯形成算法，对不同的用户个体进行差别定价，即针对不同用户的偏好特征对用户“量身”制定价格。在现实观察层面，虽然我国平台经济市场中并未有关于大数据“杀熟”的相关案例，但是网约车平台、在线商旅平台等相关市场中均出现过相关的报道。

从反垄断的视角来看，我国《反垄断法》中并未出现大数据“杀熟”的相关表述，根据我国《反垄断法》第 22 条第 1 款第 6 项，滥用市场支配地位行为中涉及了没有正当理由，对条件相同的交易相对人在交易价格等交易条件上实行差别待遇的表述。此外，在我国《平台反垄断指南》也没有相关表述，只是针对我国《反垄断法》中的差别待遇的行为进行了平台经济市场中的具体描述，即在分析差别待遇时，应当考虑平台经营者的差别待遇行为是否是基于大数据和算法而实施的。

可见，大数据“杀熟”这个表述实际上应包含几个关键要素：其一是经营者的差别待遇行为需要构建在大数据基础上。换言之，差别待遇针对具有不同需求偏好的消费者，而消费者的差异化偏好信息是他们在平台进行活动时，通过数据形式展现给经营者的。其二是“杀熟”这类差别待遇的行为并不仅限于价格。无论从《反垄断法》视角来看，还是从《平台反垄断指南》的内容来看，差别待遇行为都没有明确指出绝对是以价格为手段的，而是以价格为主的交易条件。因此，大数据“杀熟”可以是基于价格的，也可以是基于诸如服务质量、交易形式等其他交易条件的。但是我们需要明确的是，无论是通过哪种交易条件来实现的差别待遇，都会直接造成消费者在消费过程中的成本差异化，会使具有不同偏好的消费者产生不同的效用水平。当消费者在同等条件下的交易所获得的差异化效用水平没有正当理由时，经营者的差别待遇行为则构成了滥用市场支配地位。

本书所关注的大数据“杀熟”行为主要在于以下几个方面：

首先，虽然我们可以将大数据“杀熟”行为的手段界定为价格和其他的交易条件，但是从目前的实践观察来看，大数据“杀熟”通常是围绕价格展开的。同时，无论是哪种交易条件的差异化，都会导致具有相同条件的消费者在购买同样商品时承担了差异化的成本。从量化分析的视角来看，我们依旧可以将其归纳为差异化的价格，因此，我们在这里着重关注基于价格的大数据“杀熟”行为。

其次，所谓大数据是经营者经过和消费者的互动而收集的信息，因此，大数据“杀熟”行为着重关注了在位消费者所受到的差别待遇。进一步地，在位消费者主要包含了持续消费的消费者和新接入的消费者，我们在这里虽然会对这两类消费者进行差异化的分析，但是并不会将他们受到的差别待遇的影响进行更多的划分。这是由于只要消费者接入了平台，平台便可以根据某种维度对他们进行差别管理，进而实现差别对待，因此，所有的在位消费者都是我们所关注的对象。

最后，我们需要讨论的一点也是目前理论界所高度关注的，便是经营者市场支配地位的认定，从传统的推定方法来看，当经营者的市场份额突破了某个阈值之后（如相关市场的50%），他才具备了能够产生滥用行为的市场支配地位。但是，在平台经济市场中，这种围绕市场份额的判断标准显然不再充分适用。主要原因是，大数据“杀熟”语境下的垄断行为更多的是基于经营者拥有多少数据，或者是在给定的用户群体中拥有多少可以实施差别待遇的信息。即便这些经营者在相关市场中并不具有数量上（如市场份额）的支配地位，但是，若他们所拥有的数据足以使他们在某个用户群体内进行差别待遇，则会对交易相对人的福利产生恶化的效果。因此，在我们的分析中，会将数据在市场支配地位中的作用体现出来。

此外，我们进一步追问的问题是：既然消费者的决策是构建在理性人假说基础上的，为什么消费者在面对差别待遇时不选择转移呢？这是由于在市场互动中，消费者和经营者之间存在着十分明显的信息不对称，而在平台经济市场中，这种信息不对称会更加显著。平台经济高度地运用了数字技术的优势，使消费者和平台内经营者可以突破传统的物理阻隔，在更大的市场内进行互动和交易。因此，在平台上的交易者可以来自不同的地区，不再受到地域的限制，使用户与用户之间的信息互通更加模糊，但是，平台却能够在用户高度的互动中获得更加充分的数据，使他们可以更加了解用户的偏好。在平台经济市场中，数字技术事实上放大了市场中的信息不对称，使平台能够具有较传统市场中更强的信息优势，而他们运用数据创造价值的层面更多地转移到了市场的"后台"，使消费者和其他用户无法充分观察，便使消费者不能够充分地获得供其进行决策的信息，进行有效的购买决策。

聚焦大数据"杀熟"行为的具体机制，我们更多地将其归纳为一种基于海量信息的价格歧视（price discrimination）。从经济学视角来看，价格歧视是经营者的一种差异化价格的策略，若针对的交易相对人具有不同的偏好，则差异化的价格相对于统一的价格更加有助于提升总福利。具体而言，交易相对人（如消费者）内部若基于某个维度存在多个不同的集团。例如，针对同样的商品具有不同的价格弹性，则一个统一的定价会使某些集团的消费者福利无法实现有效的提升。"三级价格歧视"便体现了这个特点，消费者内部针对同一种商品具有不同的需求价格弹性，厂商会给那些价格弹性较低的用户集团制定较高的价格，给那些价格弹性较高的用户集团制定较低的价格，一方面可以使更多的用户能够与厂商进行有效交易，另一方面，厂商也可以扩大交易规模，从而获得更多的利润。

但是，大数据“杀熟”场景下的价格歧视却展现了十分不同的情况：首先，差异化定价的依据并不是完全针对消费者的价格弹性而制定的，而是基于消费者的个人偏好而制定的。其次，差异化定价的目标虽然是厂商力求最大化自身利润，但是利润最大化是建立在尽可能抽取全部消费者剩余的基础上的。因此，大数据“杀熟”更加类似于一种“一级价格歧视”，即通过抽取不同消费者的消费者剩余，来实现经营者的利润最大化。从传统经济学理论视角出发，一级价格歧视实施的难度过大甚至是不可能，这是由于经营者没有充分的能力来获得市场中全部消费者的信息，也便不能够基于这些信息剥离消费者的偏好并实施价格歧视。但是，在平台经济市场中，数字技术能够帮助平台快速且高效地收集用户信息，而且用户信息的收集与平台为用户交易提供服务是同步发生的。换言之，为用户提供交易所必需的信息对接和匹配服务，是以平台收集信息为前提的。因此，平台经营者可以十分有效地实现一级价格歧视所需要的信息，将传统市场中的一级价格歧视变得可行。

聚焦一级价格歧视的运行机制和福利效果，我们可以用表 6－1 中的数值进行比较直观的说明。假定一个市场中的厂商生产和销售产品的单位成本是 $c=2$，市场中有 5 名消费者，他们的差异在于对于同一个商品的支付意愿（willingness-to-pay）不同，分别是 10、7、6、4、3，如果厂商为他们制定统一的价格，则如表 6－1 显示，当厂商将价格定在 $p=6$ 时，其利润能够达到最大化，即利润为 12。在传统市场中，若厂商可以充分识别消费者的支付意愿，或者说，厂商不但知道 5 名消费者的整体支付意愿，同时也能够将每一名消费者和每一组支付意愿对应起来，则可以对他们实施差别化的定价。厂商差别化定价的机制是，利用价格抽取每一名消费者全部的支付意愿，不难发现，在这种一级价格歧视下，厂商的利润将提升至 20，同时社会总福利也将提升至 20。我们若进一步使分析变得更加真实，当厂商为识别消费者的支付意愿需要承担一定成本时，当该成本不高于 8 时，厂商都会有动机实施一级价格歧视。

**表 6－1　统一价格下的福利效应**

| 销售价格 | 销售量 | 厂商利润 | 消费者总福利 | 社会总福利 |
|---|---|---|---|---|
| 10 | 1 | 8 | 0 | 8 |
| 7 | 2 | 10 | 3 | 13 |
| 6 | 3 | 12 | 5 | 17 |
| 4 | 4 | 8 | 11 | 19 |
| 3 | 5 | 5 | 15 | 20 |

对于上述关于一级价格歧视的分析，我们还需要进一步了解的是，既然从厂商的利润和社会总福利视角来看，一级

价格歧视都会带来数值上的提升，是否我们应当鼓励一级价格歧视这种定价机制的形成和普及？答案通常是否定的。主要的原因是，在很多理论分析层面我们过多地关心了效率的问题，即某种价格机制或定价行为是否会带来一个经济总量上的提升，而忽略了公平的问题，即经济总量的增量是否可以尽可能在各个交易参与者之间进行公平的分配。显然，一级价格歧视下社会总福利的提升完全是由厂商利润的提升而带动的，或者我们可以理解为，社会总福利的提升是在消费者总福利彻底消除的基础上实现的。这里我们可以简单地对法学视角下的垄断和经济学视角下的垄断做一个区分，相较于后者，前者不仅关心了效率问题，更多地还关注了公平问题。

结合以上的分析，我们可以发现，在某些层面具有市场支配地位的经营者对消费者进行的近乎于一级价格歧视的差别待遇，实际上是对消费者福利的攫取，从而满足自身利润最大化的目标。因此，在反垄断领域中，我们通常将这种类型的滥用市场支配地位行为划为“剥削型”的滥用行为。在这种行为下，垄断行为的实施对象并不完全在于竞争对手，而更多的是针对交易相对人。此外，垄断行为的目标并不完全在于排除和限制竞争，而更多的是滥用垄断力量而获取利润。在平台经济市场中，这种滥用行为的实施在数字技术的支撑下会变得更加便利，同时，数字技术也可以帮助平台经营者在进行大数据“杀熟”中解决传统市场中无法充分解决的问题，具体可以从以下四个方面展开：

第一，信息不对称问题。信息不对称是市场中的固有问题，厂商掌握了关于商品相对更多的信息，消费者的信息劣势是来自他们获得商品信息的成本过高，这便产生了买卖双方之间的信息不对称。从厂商的视角来看，在信息不对称环境下，具有信息优势的一方能够获得更多的交易价值，他们可以利用信息优势将一部分成本转嫁给消费者。例如，厂商“以次充好”的道德风险行为，由于信息不对称的存在，消费者在购买商品前并不能够充分地识别商品的实际质量，使厂商可以将成本较低的商品以正常商品的价格销售给消费者，从而获得一种较正当交易更高的利润。

在大数据“杀熟”中，消费者的信息劣势实际上也是一个信息成本的问题，与传统市场不同的是，消费者的信息成本在于他们无法充分地与购买同类商品的消费者所支付的价格进行比较，因此也难以获得该商品在市场中的平均价格，无法对商品价格与实际价值之间的关系作出准确的判断。同时，由于平台经营者本身的业务特征就是通过服务平台上的买卖双方来获得数据，即他们的业务流程就是与数据收集高度并列的。因此，他们获得数据和信息的效率极高，进而可以使数据更加有效地服务于定价活动。

从整个数字经济运行的视角来看，数据本身就是经营者的一种关键生产要素，他们既可以利用数据来完成自身的生产和经营，同时也可以利用数据所展现出的信息帮助他们更好地识别自己的客户，从而完成定价策略的制定。因此，消费者获得信息的成本增加、经营者运用数据的能力提升两者并行发生，使消费者与经营者之间的信息不对称更加显著。便导致了消费者即便被大数据“杀熟”，也不会充分地察觉到，使平台经营者的大数据“杀熟”行为更具有稳定性。

第二，消费者差异化问题。如上文所述，市场中的在位消费者可以划分为持续消费的消费者和新进入市场的消费者，很显然，两类消费者能够为平台提供的数据量和信息量是截然不同的。对于持续消费的消费者，他们在平台上的持续消费使平台能够为他们构建一套“历史活动”数据库，使平台针对每一名消费者都能够基于其历史活动更好地识别他们的偏好；而对于那些新接入平台的消费者，由于缺乏必要的数据支持，使平台对他们的偏好识别存在一定的局限性。因此，已有的关于大数据“杀熟”的研究大多关注于持续消费的消费者。

但是我们需要明确的是，持续消费的消费者，或可以称为忠诚消费者，都是从新顾客群体和潜在顾客群体中转化过来的。因此，平台对于他们待遇是不同的。具体而言，平台对于那些新的顾客在价格上通常都比较友好，这是为了通过较低的接入成本来捕捉和稳固消费者，扩大忠诚消费者的规模。由于上述两类消费者在面对同样商品时的交易条件不尽相同，因此，在新消费者刚刚接入平台后的一段时间内，进行差异化的定价有助于平台合理地提升自身的竞争力。但在平台经济领域中还有一个关于差异化消费者的问题值得关注，当平台实施多市场布局时，会结合同一名消费者在平台上的不同消费场景整合该消费者的偏好，并在某一个特定的业务中进行差异化的定价。具体而言，即便该消费者是某个业务的新消费者，但是他若在同一个平台所提供的其他业务中频繁地活动，这些活动所带来的数据也可以为平台对其在新业务中的定价提供充分的信息。

因此，在平台经济中的大数据“杀熟”机制下，消费者的差异化是更加复杂的，他们虽然受到了忠诚消费者和新消费者差异化的影响，但是那些超级平台对同一个消费者的多业务触及能够帮助平台获得充分的信息，而这些信息可能在消费者还未接入某个新业务时便已经构建。所以对于一个具有多个业务的平台来讲，如果消费者在多个业务中的某个或某几个业务中已经有了较为频繁的活动，该消费者则可以被视为该平台的忠诚消费者，而这名忠诚消费者所展现的数据则可以被平台运用在其他业务中，实施差别待遇。

第三，市场支配地位问题。市场支配地位是判定大数据“杀熟”这种垄断行为的关键性标准，传统反垄断方法通常将经营者在某些方面的可以被量化的市场份额用作评估经营者是否具有市场支配地位的标准。在平台经济市场中，由于用户大多具有多归属性，因此以用户数量作为市场份额的评价标准已经不能准确地表达事实情况。通常情况下，我们会选择平台订单量、活跃用户量和订单销售额作为评估市场份额的标准。但是，在大数据“杀熟”的视角下，并不一定是那些在上述可量化市场份额中具有足够体量的平台经营者才会实施差别待遇，因为这里的差别待遇并不是来自市场份额，而是来自经营者获得数据的规模。换言之，具有一定数据量并能够利用数据实施价格歧视的平台经营者并不一定在市场份额层面具有支配地位。

基于此，对于平台的大数据“杀熟”行为的基础判定，则需要进一步细化关于经营市场支配地位的认定。例如，在《平台反垄断指南》第 11 条第 3 项就明确了，经营者掌握和处理相关数据的能力可以被视为认定其是否具有市场支配地位的因素。因此，在大数据“杀熟”行为的判定中，对于行为主体的识别应当从“可视性”识别向“技术性”识别转移，对于一些市场规模不大的平台，也应当关注其是否会在既定的消费者群体中进行差别待遇。诚然，平台在用户群体中的差异化定价是来自其在该群体中的市场势力，而市场势力是由该经营者在市场中的规模而决定的。但是我们还需理解的是，大数据“杀熟”下的差异化价格基础并不完全在于上述讨论的市场势力，而是在于平台经营者相对于消费者的信息优势，当这种信息优势在一个既定的（并不一定是规模巨大的）消费者群体中建立起来时，差别待遇便会产生。

第四，“剥削”与“排他”并行问题。现有理论研究大多认为大数据“杀熟”是一种“剥削型”的滥用行为，因为从该行为的主体和客体之间的关系来看，更加倾向于是一种在交易过程中的垄断行为，而非在竞争过程中的垄断行为。但是，相较于另外一种“剥削型”的滥用行为——不合理高价销售行为，大数据“杀熟”的效果则更加多样。

大数据“杀熟”下的差别价格并不完全地遵循以下目标：力求以不同的价格抽取每一名消费者的剩余。而是可以理解为：力求通过不同的价格使具有不同偏好的消费者在短期可以对平台产生依赖度。当然，对于上面的两层意思的分析，我们不能机械地择一而论，而是平台在不同情况下可能会倾向于选择某一种方式。具体而言，对于那些在市场份额和数据规模上都具有突出支配地位的平台来讲，他们进一步排除市场中竞争的意图相对较弱，因此，他们则更加倾向于利用大数据来获取消费者剩余。但从另外一个方面来看，对平台的市场份额和数据规模存在一个不对等关系的平台来说，他们也可以通过极低的价格来吸引那些竞争对手的用户，并通过已经对其具有依赖性的忠诚用户来进行成本补偿。

## 第二节　大数据“杀熟”的经济学分析

关于大数据“杀熟”的经济学机制十分类似于关于一级价格歧视的分析，我们在上一节已经进行了较为充分的说明。在本节中，我们着重地讨论在平台经济特征下，大数据“杀熟”背后的经济学逻辑，其中主要包括了大数据“杀熟”的合理阈值、双边和单边的大数据“杀熟”与信息不对称、大数据“杀熟”与市场竞争等方面。

### 一、大数据“杀熟”的合理阈值

首先，回顾表6－1的内容，当厂商实施统一定价时，一个均衡价格是厂商将价格制定在6这个水平上，此时市场中将有 2 名消费者不会购买商品，被这个“高价格”排除在市场之外。从微观经济学理论出发，消费者的效用是来自消费，当消费者没有参与消费活动时，其效用为零。因此，从消费者福利角度来看，统一定价的一个局限是，该价格并不能有效地服务到尽可能多的消费者，使部分消费者被高于自身支付意愿的价格所排除。这个结论从产品纵向差异化的理论分析中也可以得到体现，其原因实际上来自消费者群体中一个比较普遍的现象——在现实市场中，消费者并不能完全地用代表性消费者（representative consumer）这个概念来表达，因为每一位消费者针对同一个产品的偏好都是不尽相同的，便引致了每一位消费者对同一个产品的支付意愿不同。所以针对同一个产品制定统一的价格也许不能够满足尽可能多的消费者的需求。

价格歧视实际上缓解（但并不是充分解决）了上述问题，对于那些在统一定价标准上没有进行购买的消费者而言，可以通过差异化定价实现对他们的捕捉，将他们从没有消费的零效用水平提升至参与消费的非零效用水平。诚然，对于有能力购买的消费者而言，实施差异化定价并抽取他们的消费者剩余是不公平的，但此时由于差异化价格而进入的新的消费者规模足以使这种“不公平”的价格作用在在位消费者身上的“剥削”是可补偿的。具体而言，如果实施统一定价来满足经营者的利润最大化导致了大量的消费者无法购买产品，则一定程度的差异化定价实际上是可以对消费者群体中的整体福利水平实现改善的，王先林和曹汇（2022）将这种现象定义为大数据“杀熟”中的“福利补贴效应”。[1]

其次，在福利补贴效应的基础上，通过差异化定价捕捉的消费者同样能够形成一种对消费者本身福利的“反哺”。在平台经济市场中，用户的大规模接入所带来的并不仅仅是平台上交易量的提升，与之相伴的，是平台所聚集的数据规模的增加。而作为平台经营者重要的生产要素，数据规模的增加则能够帮助平台快速地实现规模经济，可以使平台将规模经济所产生的成本集约以某种形式传递给消费者。这里我们便可以发现平台经济市场与传统市场之间的一个不同点，便是平台经济在捕捉用户过程中能够更加有效且更快地实现规模经济，进而可以为接入的用户带来福利的提升。

基于此，我们可以进一步探讨大数据“杀熟”可能存在的一个合理界域。这个合理界域是由差异化价格和福利补偿共同组成的。其一，差异化价格用来维护在位用户和捕捉潜在用户，帮助平台在短期实现规模的扩张。规模扩张的体现并不单纯地在于可量化的市场份额的提升，而更加重要的是，扩张到平台能够实现规模经济的数据体量。同时，差异化价格也并不是以抽取消费者全部剩余为目的，而是对于那些支付意愿较高的消费者可以保留一定程度的利润获取意图，而对于那些支付意愿较低的消费者，可以以满足消费者需求为核心目标。对于上述的差异化定价，我们并不能断言它对消费者群体产生了不公平的待遇，而是在短期以消费者群体内

〔1〕 王先林、曹汇：《数字平台个性化定价的反垄断规制》，载《山东大学学报（哲学社会科学版）》2022 年第 4 期。

部自我补偿的方式来实现长期规模扩张的目标。其二，当平台的数据量达到规模经济的水平时，平台则能够实现比较明显的成本降低、且动态上是一种边际成本递减的趋势。平台则可以对其全部的消费者进行福利补偿，即差异化定价可以依旧存在，但是以利润获取为目的的定价水平可以适度降低，这一点也体现了消费者接入规模的扩大帮助平台实现了对消费者本身的“反哺”。

## 二、双边和单边的大数据“杀熟”与信息不对称

平台经济市场中的平台经营者具有双边或多边市场的特点，在大数据“杀熟”的实施过程中，平台经营者可以对单边进行差别待遇，也可以对多边进行差别待遇。影响平台经营者决策的一个直接因素是，平台在经营过程中应向哪一边进行定价。从现有关于大数据“杀熟”的现实观察角度来看，平台通常会对消费者一端进行差异化定价。虽然平台在买卖双方之间发挥的主要功能是进行信息的对接和匹配，但是在一些市场中，平台依旧充当了一个转售者的角色，即平台更加类似于一个线上的零售商。平台通过收集卖方的产品信息，将信息进行加工后释放给消费者。若平台在转售过程中的成本不发生明显改变，平台则会针对不同消费者的消费习惯、个人偏好来进行不同的价格设定，进而获得更高的利润。

此外，即便平台仅仅展现卖方的信息给消费者，它也可能会具备大数据“杀熟”的能力和动机。在很多消费场景

下，平台所展现的产品信息是来自卖方的直接信息输出，即关于产品本身的信息和价格是直接来自卖方，“所见即所得”的。但是，平台在为消费者提供信息的同时，还会向消费者提供其他配套的服务，例如，支付、配送、其他增值服务等，这些服务并不是由产品本身或卖家来决定的，而几乎是由平台决定的。因此，即便在平台仅仅作为产品信息“搬运工”的情况下，平台也能够构建其他的路径和手段对消费者实施大数据“杀熟”。

进一步地，平台来自消费者群体中的利润不仅在于其定价水平，还可以来自平台在服务消费者过程中所承担的成本，所以平台对消费者的差别待遇虽可以理解为一种价格歧视，但实际上也是一种比较广义的歧视，即通过不同程度的服务供给质量来从不同偏好的消费者身上获取剩余。例如，在产品配送或服务供给环节中，平台可以针对消费者所具有的差异化的需求弹性（这里便不再限于是需求价格弹性），提供差异化的服务，如等待时间、配送方案等，对于那些需求弹性较低的消费者，则可以提供成本相对较低的服务，以在成本一侧实现较大的集约，进而获得较高的收益。但我们并不会将此类情况排除在大数据“杀熟”的范围之外，如上文所述，大数据“杀熟”虽然在很多情况下是围绕价格而展开的，但是作用在消费者身上的效用是可以量化的，影响消费者效用的既包括诸如价格的直接成本，也包含了类似于服务质量的间接成本，将他们作为统一的量化标准均可以评估大数据“杀熟”的影响程度。

在此基础上我们进一步讨论，平台对消费者的差别待遇是否还存在其他关键因素，事实上，平台和消费者之间的信息不对称也为平台进行差别待遇提供了实质性的帮助。消费者在进行消费决策的时候，是基于其支付意愿和观察到的价格进行能够符合其效用最大化的购买决策。消费者对自身支付意愿是充分知晓的，这体现了消费者本身的偏好。而价格虽然以信息的形式在平台上释放，但对于消费者而言，依旧不是一个公共信息（public information），因为消费者在平台上仅可能知晓自己所面对的价格，以及一个极小范围内其他消费者所接收到的价格。因此，从这两个因素来讲，消费者在价格方面存在绝对的信息劣势，而平台则在消费者偏好方面具有绝对的信息优势。这一点和传统经济市场十分不同，在传统经济市场中，买卖双方的交易基本上是在同一个信息层面发生的，买卖双方都各自具有相应的信息优势，卖家也不会充分地观察到每一个买家的偏好，便会产生相互之间的信息成本。[1]但是，在平台经济市场中，上述信息问题被打破，平台通过对用户活动数据的收集，更加有效地识别用户的偏好，降低了平台关于用户偏好的信息成本。

聚焦消费者的购买决策，影响他们决策的因素除了自身所面对的价格，还包括他们对其他消费者所接受到的价格比

---

〔1〕这种发生在买卖双方的信息成本给他们在交易过程中带来了一个关于信息的“势均力敌”的效果，但这种效果并不会改善他们之间的交易质量，因为信息成本总是会以价格的形式展现出来。因此，在本章下一节中会进一步讨论平台的信息优势在交易中发挥的积极作用。

较，其他消费者接受到的价格对于特定消费者而言，可以帮助他们来评估市场中特定商品的平均价格，消费者的购买意愿大多发生在自己接受到的价格不高于平均价格的情形下。我们可以简单地将消费者的需求函数描述为 $Q(p,\delta)$ ，其中 $p$ 是消费者实际面对的价格，$\delta$ 是消费者观察到其他消费者面对同一个商品的价格。通常情况下，$p=\delta$，但是当消费者观察到 $p>\delta$ 时，他们的购买意愿会降低。而当厂商实施价格歧视时，$p\neq\delta$，若消费者观察到这种价格差异，他们当中的一部分消费者会拒绝购买，这种情况会显著地降低经营者在实施价格歧视时，在不同消费者交易中的定价能力。而平台经济中，即便会出现 $p\neq\delta$ 的情况，消费者也不能充分地知晓，这并不是由产品本身和产品销售路径的变化而决定的，而是来自平台经济的交易通常打破了消费者之间的物理边界，使消费者在对产品和对购买同类商品的其他买家的信息获取处产生了极大的成本。因此，$\delta$ 这个变量在消费者购买决策中便发挥不出很大的功能，反而，会提高平台在不同消费者之间进行差别待遇的定价能力。

## 三、大数据“杀熟”与市场竞争

大数据“杀熟”作为一种滥用市场支配地位的行为要求平台经营者在相关市场中需要具有显著的支配地位，关于市场支配地位，我们可以将平台经营者划分为两个类型：其一是相关市场中的头部平台，这些平台在相关市场中具有绝对的市场支配地位，例如，他们从市场份额、用户流量、用户数据、技术掌握等方面都要显著地优于自己的竞争对手。其二是相关市场中在某些方面具有相对优势的平台，通常情况下，这种类型的平台可能在市场中有势均力敌的竞争对手，或者此类平台在那些不可直接量化的方面具有一定的相对优势，例如，具有明显的产品差异性或一定程度的数据规模。

对于第一类平台经营者，实施大数据“杀熟”背后的经济学逻辑是比较明确的：一方面，他们在市场中的支配地位足以让他们构建起在不同用户群体中的定价能力，这种定价能力不仅体现在他们的定价空间的灵活性上，还体现在他们在不同个体间的差异化定价的能力上。另一方面，缺少了市场中实质性的竞争使这些头部平台突出信息不对称带来的优势更加明显，消费者缺少了在平台间进行切换的路径，以及缺少了关于产品信息必要的比较，使消费者在制定购买决策时更加依赖头部平台为他们提供的信息和产品。当头部平台通过差异化定价吸引和巩固更多的消费者时，平台另一侧的卖家也会由于网络外部性自发地依附于该平台，并愿意释放出更多更好的交易机会，进一步提升了平台在市场中的支配地位，使平台能够更加便利地实施差别待遇。因此，对于那些初始的头部平台而言，排除和限制竞争的动机相对较弱，实施大数据“杀熟”的主要目的是实现利润最大化，此时的大数据“杀熟”行为更加倾向于“剥削型”滥用。

对于第二类平台经营者，他们在进行大数据“杀熟”时会面临两个阻碍：第一个阻碍是市场中的竞争。当市场中的平台经营者间存在比较明显的竞争关系时，即便几个寡头都具有可计量的市场支配地位，消费者也会形成对不同平台的价格比较。此时，若平台都选择实施大数据“杀熟”，他们对于同一个消费者所掌握的偏好信息也不尽相同，会产生价格差异，使消费者倾向于选择更加符合其效用最大化的平台。例如，假设网约车平台在竞争时均实施了大数据“杀熟”，如果消费者在不同的平台所留存的信息存在差异，则不同的网约车平台对同一个消费者的偏好认知也会出现差异性，他们所实施的差别化交易条件便会不同。虽然消费者选择任何一家平台都会面临被“杀熟”的结果，但是消费者所放弃的那家平台实施的差别待遇行为将在此次交易中无效，它也不能够通过消费者此次的消费而获得更多的数据和信息。因此，平台间的竞争会弱化平台实施大数据“杀熟”的效果。

第二个阻碍是平台实施大数据“杀熟”的基础能力。如上文所述，认定平台经营者是否具有市场支配地位的因素不仅在于其是否具有可量化的市场优势，还在于其是否具有比较显著的技术运用能力和数据获取能力。在平台市场中，如果一家平台能够获得一定程度的用户，并在一个规模内保持用户间的交易频率，即便这家平台不具备诸如市场份额等可量化的支配地位，它也可能实施差别待遇。这一点也进一步对平台经营者滥用市场支配地位理论进行了一个更新，即在平台经济市场中，我们针对市场支配地位的认定应当更加关注数据要素的作用。而当平台所具有的数据规模足以使他们进行大数据“杀熟”但可能造成“得不偿失”的结果时，即便数据体量允许平台实施大数据“杀熟”，他也不会产生较大的动机。上述“得不偿失”的结果主要在于平台经营者是否会为大数据“杀熟”投入较大的成本，这个成本通常都是发生在识别消费者偏好环节的，囿于交易规模的限制，大数据“杀熟”并不一定会为这些平台带来充分的收益来补偿成本，因此也会弱化此类平台经营者实施大数据“杀熟”的动机。

## 第三节　大数据“杀熟”的损害分析与规制

### 一、大数据“杀熟”的损害

大数据“杀熟”的主要对象是消费者，无论是以价格为主还是以其他间接成本为主，差别待遇通常是通过抽取消费者剩余来提升经营者的利润。当然，根据上文的讨论，大数据“杀熟”还有可能通过更加灵活的差异价格来对竞争平台形成“阻击”，降低竞争平台吸引消费者的能力，从而达到排除和限制竞争的效果。因此，在关于大数据“杀熟”损害的讨论中，我们着重对消费者和竞争平台展开分析。

从消费者的视角来看，大数据“杀熟”损害具有直接和间接两重效果。直接效果是平台定价对消费者福利的直接影响。假设平台在实施差别待遇前就能够充分识别消费者的偏好，则平台可通过价格歧视来获取消费者全部的剩余，实现利润的最大化。在这种情况下，消费者如果不能够对不同的价格进行对比，则会承担福利上的损失。但这里我们还需要强调的是，平台对在位消费者和潜在消费者进行价格歧视的能力是存在明显差异的。如上文所讨论的，基于大数据的价格歧视要求平台必须具有相当程度的数据优势，以帮助他们可以获得更充分的消费者信息，从而实施价格歧视。这一点对于那些在平台上有过频繁交易的在位消费者来说，易于实现；但对于潜在消费者而言，平台的信息优势显然将大打折扣。因此，为了捕捉更多的潜在消费者接入平台，平台则需要对这些消费者制定相对较低的价格，以突破价格弹性对潜在消费者形成的接入限制，并在一定时期内以价格或其他交易条件的优惠来保留住消费者，使他们可以为平台贡献更多的信息，进而实现价格歧视。

在上述过程中，平台对于潜在的或新接入平台的消费者需要承担更大的成本，这就需要利用更加严密的价格歧视来从在位消费者中获得收益，以补偿成本。此时，我们可以发现两个方向的结果：一方面，在位消费者由于平台的价格歧视而面临福利降低；另一方面，潜在的消费者承担更低的价格接入平台，既获得了平台所提供的服务，又并未承担较高的成本。两组消费者在福利方面形成了一种转移，简言之，在位消费者将一部分福利转移给了潜在的和新接入平台的消费者。我们可以将这个过程的产出称为大数据“杀熟”损害的间接效果。相对于直接效果，间接效果具有一个边界，随着潜在消费者不断地接入，平台的用户数量将达到一个峰值，当峰值达到后，平台上的交易规模将趋于平稳，在位消费者将成为平台服务的主体，此时，直接效果相对于间接效果将更加明显。

从竞争平台的视角来看，若竞争平台不实施大数据“杀熟”，则其将会直接受到其他平台的大数据“杀熟”的影响，影响因素主要由以下几个方面构成：首先，大数据“杀熟”将弱化潜在消费者的多归属性。面对相对较低的价格，消费者大多会进行转移，缩小了竞争平台在潜在消费者群体中的经营规模，同时也降低了竞争平台在潜在消费者群体中的市场势力。其次，大数据“杀熟”培育了消费者对价格的习惯性。消费者长期停留在某个平台时，会基于该平台对其制定的历史价格形成对价格的固有认识，以及消费习惯，一种比较牢固的消费习惯增加了消费者切换至其他平台的转移成本，使该平台的在位消费者成为固有的消费者。竞争平台在这种情况下，难以再一次利用价格竞争来捕捉此类消费者。

## 二、大数据“杀熟”的积极效果

大数据“杀熟”的表达告诉了我们其实际上是一种平台经营者滥用市场支配地位的行为，从反垄断的视角来看，是一种违法行为，其产生的效果对市场竞争和消费者福利以及社会公共利益是消极的，或者说其产生的消极效果足够大而使其可能产生的积极效果无法充分地补偿。但是，从经济学视角来看，大数据“杀熟”的背后也展现出三个方面的潜在的积极效果：

第一，大数据“杀熟”可以比较有效地帮助平台扩张市场，为更多的消费者提供服务。如图 6－1A 所示，当厂商基于自身的成本来制定一个统一的价格时，利润最大化的目标使厂商必然将价格制定在成本之上。同时，厂商的市场势力越强，其价格水平会更高，这是由消费者对市场支配地位突出的厂商所具有的依赖性（即较低的需求价格弹性）而决定的。不难发现，当厂商制定一个统一的价格时，那些支付意愿处于厂商成本和价格之间的消费者将不会购买，若没有其他的替代品，消费者的效用为零，且无法获得厂商提供的产品或服务。如果此时，厂商对这部分消费者实施一定程度的差异化定价，如图 6－1B 所示，则这部分消费者可以通过支付更低的价格入场，获得厂商所提供的产品和服务。这种情况在平台经济中比较普遍，对于新用户而言，平台通常会给予一个较低的价格或更多的补贴，一方面吸引他们接入平台，另一方面，通过使消费者承担更低的成本形成对该平台的依赖性和消费习惯。

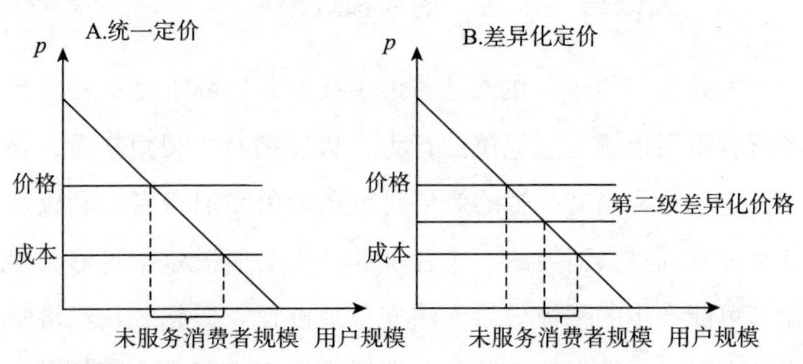


**图 6－1　大数据“杀熟”与市场扩张**

第二，大数据“杀熟”可以比较有效地帮助平台实现对消费者的“流量补贴”。如上一个积极效果所述，大数据“杀熟”可以帮助平台扩张市场，在平台经济市场中，市场的扩张意味着平台能够从更多的消费者、更多的交易规模中获得更多的数据和信息。作为平台经济的主要生产要素，数据体量的增加能够帮助平台在较短的时间实现规模经济。规模经济的主要体现在于平台的单位成本的降低，如图6－2所示，当差异化价格实施后，平台服务的消费者规模上升，进而平台能够获得的数据体量提升（如图中第四象限所示）。第三象限则反映了，当数据规模提升后，平台能够更有效地运用数据要素实现规模经济，使成本降低，进一步带动了价格的降低，如图中阴影部分所示。成本的降低使平台的盈利并不单纯地追求对在位消费者进行差异化的定价，换言之，平台在追求利润最大化时，并不会过多地依赖收益一侧，而是从成本一侧的优化便能够实现。此时，平台可能依旧会对消费者进行差异化价格的制定，但是会通过更加温和和友好的形式来完成。具体而言，平台所制定差异化的价格并不会完全地抽取消费者全部的剩余，而是将规模经济所带来的成本集约部分地转化给消费者，使消费者的福利得到相对的提升。

第三，大数据“杀熟”可以比较有效地转化为平台对消费者的“定制化服务”。这一点是目前支持平台大数据“杀熟”行为具有积极效果最有力的一个支撑。海量的数据帮助平台识别消费者的偏好，而这个识别具有两面性：在一方面，平台可以针对这些偏好进行差异化定价，而在相反的一个方

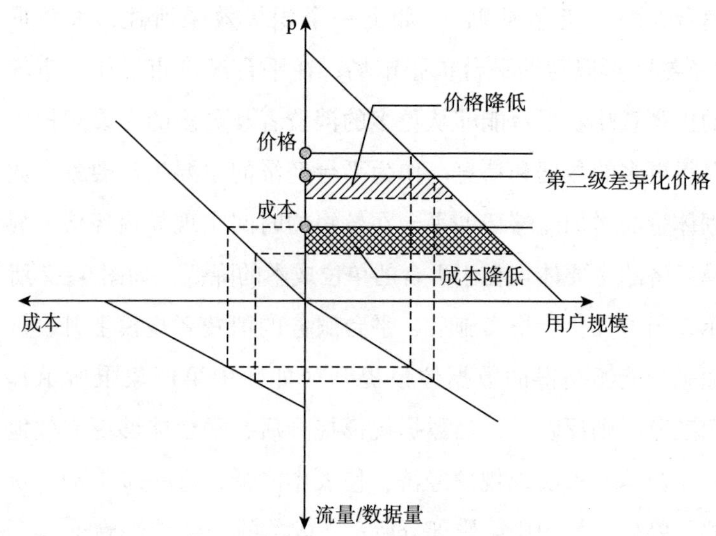


**图 6－2　大数据“杀熟”与流量补贴**

面，平台也可以针对这些偏好对消费者投放差异化的服务。很显然，消费者在平台经济活动中具有十分明显的信息劣势，而这些劣势使消费者在进一步的平台活动中承担了较大的信息成本。平台实施“好的”大数据“杀熟”实际上是将平台自身所具有的信息优势传递给了消费者，对那些具有特定偏好的消费者针对地提供符合其偏好的服务和信息，使消费者在平台上的搜寻成本大幅度降低，进而提升消费者的福利。此外，在消费者活动频繁和业务种类众多的平台上，这个效果尤为明显，他们可以通过定制化服务的推广来提高平台吸引消费者的能力。同时，加速培育消费者的消费习惯，使平台在服务优化层面上实现稳定的市场的扩张，亦可以在短期达到规模经济的效果。例如，在电商平台、线上商旅服务平台、线上餐饮外卖平台、新闻咨询平台等领域，对偏好差异化的消费者定制化服务的积极效果尤为突出，增加了在位消费者和潜在消费者的福利，王申和许恒（2022）将这个过程归纳为平台经营者从数据滥用转化为数据善用的重要机制。[1]

## 三、大数据“杀熟”的规制与相关问题思考

从反垄断层面来说，关于平台经营者大数据“杀熟”行为的规制可以从制度规制与市场规制两个方面展开，并应同时针对大数据“杀熟”行为的两面性。制度规制用于直接规制平台经营者的行为，包括经营者的定价模式、消费者信息处理方案、差别待遇的具体路径等；市场规制则通过优化市场结构而调整经营者所面对的竞争环境，间接改变经营者实施差别待遇的动机。此外，本章所讨论的大数据“杀熟”行为具有比较明显的积极效果与消极效果并存的特征，因此，还需要充分考虑大数据“杀熟”造成的损失与产生的福利之间的关系和相互溢出的影响，进而判断该行为是否具有合理性。

从对大数据“杀熟”的制度规制来看，对该垄断行为的规制应当侧重于对平台掌握和使用数据的规制。正如《平台反垄断指南》中第 17 条所述，分析平台经营者是否构成大数据“杀熟”应当考虑是否基于大数据和算法来实施差别待

〔1〕 王申、许恒：《数据善用与数据安全共治机制研究》，载《当代财经》2022 年第 11 期。

遇，而这种差异化则是来自消费者所向平台展现出的信息。通过对承载这些信息的数据进行分析，平台经营者可进一步运用信息优势负向地反馈给消费者以差异化的行为，如价格、服务、付款形式等交易条件。因此，可以在运用《平台反垄断指南》对大数据“杀熟”行为进行规制和调整的同时，适度运用《中华人民共和国个人信息保护法》（以下简称《个人信息保护法》）相关条款来对消费者的数据进行辨识。具体而言，《个人信息保护法》第 17 条要求信息的处理者“以显著方式、清晰易懂的语言”向个人告知相关具体内容。在平台经济市场中，其背后的逻辑在于，消费者知晓平台经营者获得数据并处理和使用数据的相关信息应当尽可能被量化，且更加重要的是，消费者获得上述信息的成本应是显著低的。在大多平台经济活动中，经营者确实告知了消费者相关内容，但条款众多且并不清晰、直接、易懂，使消费者在获得相关信息时的时间成本较高，抑制了消费者进一步了解经营者使用数据相关细节的动机。为了降低时间成本为自身带来的效用弱化，消费者通常会直接接受相关条款，这一点事实上也提高了经营者和消费者之间的信息不对称，并进一步滋生了经营者利用信息优势的道德风险，如滋生实施大数据“杀熟”的动机。

此外，《个人信息保护法》第 28 条具体规定了敏感个人信息的内容和范围，第 28 条的规定实际上是将个人的信息进行了一种分级分类的处理，相较于一般信息而言，对于敏感信息的处理应当更加谨慎，并须具有处理和使用该类信息的必要性。在平台经济市场中，消费者的一些敏感信息如金融账户、医疗健康、行踪轨迹等都可以被平台经营者用以对用户“画像”并进一步帮助他们实施差别待遇。因此，在制度层面的规制上，应当对平台收集用户数据的内容进行分级分类，对于敏感个人信息，可以考虑由可信第三方进行收集和管理。现有相关研究讨论了将数据的权利更多地赋予消费者本身可以有效地抑制大数据“杀熟”的风险，例如，邢根上等（2022）提出了用户具有一定程度的数据可携权能够抑制平台的大数据“杀熟”行为。[1]其背后的逻辑在于，当用户对平台产品或服务产生负面体验时，其可以选择向其他平台进行转移，并同时可以将其个人数据迁移至其他平台。此时，平台间关于数据要素的优势则发生了转变，数据随着用户的移动使那些接纳用户的平台的竞争力相对提升。数据可携权给保有用户的平台形成了一种倒逼机制，使他们受到用户和数据双重流失的压力，而尽可能提供更加符合用户需求的服务。

从对大数据“杀熟”的市场规制来看，市场的竞争程度和市场的可竞争性是抑制大数据“杀熟”的关键。如本章第二节所述，当市场中的竞争程度较弱时，头部企业通常具有绝对的市场支配地位，他们所进行的大数据“杀熟”大多是以“剥削型”滥用为主体的，这便会对消费者产生直接的损害。而当市场中的竞争程度较强时，虽然在数字技术或数据

---

〔1〕 邢根上等：《数据可携权能否治理“大数据杀熟”?》，载《中国管理科学》2022 年第 3 期。

层面具有相对优势的平台会对消费者进行一定程度的差别待遇，但是，囿于市场中的竞争压力，他们的大数据“杀熟”所产生的效果被弱化。可见，无论对高集中度的市场还是低集中度的市场而言，竞争都是能够弱化大数据“杀熟”的一条重要的路径。

基于此，对市场的规制可以通过打通数据要素市场的壁垒而激发市场中的竞争，目前比较一致的观点是，数据要素市场的竞争有效性可以来自平台经营者对数据的共享。换言之，应当在打破经营者对数据封禁的基础上，进一步提高对用于正常市场竞争的数据要素的共享效率。例如，“数据池”、数据互操作机制的运用，可以激发数据在不同平台经营者之间流通过程中的价值增量。当然，数据共享呼唤了一种能够兼顾数据价值和数据安全的保障机制。在平台经济市场中，一个可信第三方实际上是保障机制的核心。一方面，可信第三方能够通过收集、处理和发送相关数据而达到平台间关于数据的中介效果，使平台在处理数据和使用数据过程中受到基于数据安全的监管；另一方面，可信第三方的存在可以将数据要素的流动在一个较高的频率上完成，运用数据的可叠加性，激发数据要素在多个经营主体间的价值。

除此之外，数据的共享机制还能够提升市场的可竞争性，在平台经济领域中，伴以获得充分的数据要素进入市场是平台经营者在市场中开展正常的生产经营活动的关键。但是，当在位经营者对数据进行封禁时（这里我们假设用户的数据可携权不存在），新进入市场的经营者无法有效地获得数据，使他们进入市场的门槛显著提升。而在数据共享视阈下，数据的获得是由可信第三方的效率决定的，并不会受到市场中在位经营者行为的影响，进一步提高了潜在经营者进入市场后的经营能力，有效地帮助了经营者在进入市场之后的经营效率，提升了市场的竞争程度，根据上述讨论的相关结论，可以弱化平台大数据“杀熟”的动机。

在规制平台大数据“杀熟”的同时，我们需要格外关注该行为的双重效果。大数据“杀熟”这个表述十分类似于经济学视角下的价格歧视概念，虽然使用了诸如“杀熟”“歧视”等表达，但是实际行为更加倾向于一种中立的行为，即便我们采用了差别待遇的表述，这也是对经营客体的一种差异化处理，并非绝对性地造成一种消极影响。因此，在对待大数据“杀熟”的过程中，还需要高度明确通过大数据带来的差别待遇的积极影响，并结合其消极影响来厘清该行为对福利产生的综合效果。正如《平台反垄断指南》第 17 条的描述，我国对于平台经济中的差别待遇依旧采用了“禁止 + 豁免”的思路，换言之，我们不仅要确定大数据“杀熟”的损害，还需要了解大数据“杀熟”的正当理由以及积极效果。例如，平台可以通过大数据对特定的个体进行差异化地推送，以此来降低个体在平台经济活动中的搜寻成本。

因此，作为大数据“杀熟”积极效果的描述，我们可以将其总结为一种私人收益和公共收益的组合。私人收益是用户在平台上接受到的差别待遇所获得的个体收益，如消费者搜寻成本的降低；公共收益是平台通过这种“好的”差别待遇激发消费者更大规模地接入和交易，进一步提高了平台上的交易体量和数据规模，随着数据规模的提升，平台能够掌握的信息也随之增加，能够激发数据要素价值化的基础也能够得到提高。当数据共享存在时，这种数据要素的价值可以更加高效地溢出至平台经济市场中的其他经营者，对整个市场的价值化形成更大的推动作用。

# 第七章　平台经济中的数据封禁

## 第一节　数据价值化

在平台经济市场竞争中，数据是一把双刃剑，它是推动平台经济活动的核心驱动力，同时又是经营者实施垄断行为的主要工具。数据成为垄断行为实施工具的主要原因是其本身所蕴含的价值化特征，在平台经济市场中，数据已经成为了经营者开展生产经营的关键要素。与传统生产要素不同，数据要素相对于土地、资本、劳动力而言，更加能够超越稀缺性的限制。这是因为数据并非一种有形的资源，它通过虚拟化的表现形式，将承载的信息突破时间和空间的局限在更大范围、更广维度、更多层级进行流动，使数据在使用过程中具有了一种可重复、可叠加的特性。当这些特征赋予了经营者在要素市场较为均等的权利后，经营者能够在要素市场获得的相对竞争力则会显著降低，而平台经济活动需要高度运用数据在产品市场寻求突出竞争力，经营者因此产生了对特定数据施加某种限制，谋求在要素市场实现数据垄断的动机。

在平台经济领域反垄断的视角下，关于数据的使用本身虽然并不构成某一种特定的垄断行为，但是它又和很多垄断行为息息相关。我国在2022年《反垄断法》的修正中，加入了一项总括性条款，即第9条“经营者不得利用数据和算法、技术、资本优势以及平台规则等从事本法禁止的垄断行为”，说明了以数据为代表的市场经营工具已经成为了经营者实施垄断行为的要件，它在经营者生产经营的各个领域、各个环节都能够嵌入到经营者的反竞争操作中。在本书中提及的诸多垄断行为都是来自经营者对数据的滥用，或者说，是经营者滥用其在相关市场中的数据优势。例如，基于数据的“轴辐”协议下，平台经营者可以利用其数据优势为轮辋上的平台内经营者提供共谋的实质性帮助；经营者的大数据“杀熟”行为，平台经营者利用自身相对于用户的数据优势对用户在某些交易条件上进行差别待遇。这些垄断行为实际上都是平台经营者运用数据放大了市场中的信息不对称，构建出自身具有信息优势的市场环境，并通过这个优势来获得扭曲的利润。

试想另一种关于数据要素的情境，当市场中尽可能多的参与者都拥有了同等体量的数据，并能够充分提取数据所承载的信息时，某一个经营者滥用数据获得垄断利润的可能性将显著降低。因此，为了获得滥用数据时的垄断利润，经营者则产生了控制数据、封禁数据的动机，通过对数据的流动施加外生的干预，来构建自身在数据要素市场中的优势地位，并利用这个优势在产品市场实施垄断行为，获得垄断利润。

所以在本章的讨论中，我们并不会过多地讨论由于数据封禁而产生的某种特定的垄断行为，而是更多地关注这些发生在平台经济市场中的垄断行为背后的数据的流动。当经营者为了谋求垄断而干预了数据的流动时，我们便会对这些数据将产生的垄断行为进行格外的关切，当然，我们也应进一步地对数据流动所面临的外生约束和限制进行一定程度的规制。

数据之所以能够成为平台经济市场中的关键要素，以及被垄断行为的实施者所关注，是因为其具有较显著的价值性。数据的价值性来自其所包含的信息，关于信息的解读，我们可以从两个方面展开：

第一，信息不对称是市场经济活动中产生交易成本的主要原因。信息不对称是交易中广泛存在的现象，经济活动参与者无法充分观察到交易相对人及其提供产品的真实信息，便会在交易过程中产生逆向选择的问题。交易相对人对诸如产品质量、售后服务等不确定的信息进行预期，基于这个预期来制定决策。当不确定程度提升或者产品劣势信息比重增加时，便会拉低交易相对人对产品的预期水平，降低产品在交易相对人处的理想价值，使他们的评估价格产生较大程度的扭曲，而这种扭曲又会降低产品提供者在销售过程中的收益。我们可以将这种收益上的降低视为一种来自信息不对称的成本。此外，信息不对称也会引起潜在的道德风险问题，具有信息优势的经营者可以将自身产品“伪装”成符合交易相对人需求的形态，制定超过产品本身价值的价格，此时经营者的利润在信息优势的帮助下得到提升，但是利润的提升是以损害交易相对人福利为代价的。因此，这部分经营者的道德风险发生后会产生一种扭曲的收益，但同时会造成交易相对人额外的成本。我们在上文中所讨论的大数据“杀熟”实际上可以被视为一种触发道德风险的行为，平台经营者相对于消费者具有十分突出的信息优势，前者利用信息优势对消费者进行差别待遇，而消费者并不能够充分识别自身处于差异化的交易条件下。消费者在差异性的交易条款下不能够在价格等方面受到平等的待遇，使一部分消费者受到了定制价格的损害。但如果此时消费者也拥有了与经营者同等的信息，经营者则无法形成信息优势，其差别待遇的行为也能够被消费者充分观察到，使这种滥用行为将无法顺利地实施。

第二，平台经济市场中的主要经济活动是关于信息的交流。正如贯穿本书的一个内容——平台经济市场中的经营者大多不以产品销售作为自身的主营业务，他们在市场中的核心功能是为交易者提供一个高效的交易环境。虽然在数字平台不存在的传统市场中，买卖双方也能够较为顺利地完成交易，但是这种交易具有较明显的边界性，他们通常受到了时间和空间的约束，不能使产品在更大范围和更多维度内进行流通。数字平台解决这个约束的主要路径是，将实体产品信息化，并展示在一个虚拟的空间中，市场中所有的交易者和潜在交易者都能够从平台经营者所构建的虚拟环境中（如电商平台）发送和收集信息，并通过平台对信息的高效识别完成匹配，进而实现实体的交易。不难发现，平台的存在提高了买卖双方的交易规模和交易效率，平台为买卖双方提供了一个更大规模的市场，使他们可以获得更多的供需信息。而平台在这个过程中则是扮演了收集信息和发送信息的中介角色，并通过数字技术使有效信息可以更加准确地对接和匹配。因此，平台经济市场是一个促进交易信息交流的中介平台，它缓解了交易中由于买卖双方不能够充分识别交易者的信息而承担的搜寻成本，提高了交易体量和交易质量。以京东助农的一项业务为例，它构建了连接消费端和供给端的信息网络，贫困地区的农产品一直以来囿于信息渠道、销售路径、物流渠道的堵塞而无法实现可观的交易，京东通过自身平台的搭建，使偏远地区的产品信息可以极大程度地流向消费端，形成以线上信息高效流动弥补线下信息不畅的通路，实现数字化推动乡村振兴的目标。

因此，平台经济的产生很大程度上是来自数据价值化的过程，通过对数据中有效信息的提取和使用，激发信息在市场中的价值，并反馈给市场中的交易者。关于数据价值化在平台经济市场中的主要体现，可以从宏观和微观两个层面展开。

在宏观层面，数据作为一种生产要素推动了经营者的数字化转型，在平台经济下，数据的价值主要体现在产业的数字化阶段。现有相关研究大多支持的一个观点是，数据要素兼具了对传统要素的依赖性和渗透性。具体而言，数据通常不能够脱离传统要素而独立存在，它虽然能够将物质的信息较为充分地体现出来，但虚拟性的信息所表达的价值还需要通过实体物质来激发，因此，数据的价值性是以实体作为基础的。同时，数据要素的价值同时也可以反映在传统要素的优化层面，数据作为一种新型的生产要素，它可以与传统要素进行相互融合、相互补充，实现传统要素的优化和再配置，形成生产经营过程中的价值创造和价值辐射，我们可以将这种价值增量视为一种关于数据价值化的表现路径。

当然，对于数据的应用以及数据价值的激发是离不开数字技术的支撑的。史丹（2022）指出，数据价值化并非是静态的，而是存在于一个动态的过程中，在数据价值化动态过程所涉及的数据的收集、整理、挖掘、分析等环节中，数字技术都直接决定了数据的规模和质量，而数字技术下的算法和算力则成为了影响数据价值的重要因素。[1]因此，我们可以发现，数据要素在宏观层面的价值化本质上是修正了传统的生产函数。一方面，数据作为一种可以直接被使用的生产要素进入了生产函数中，增加了厂商在生产经营过程中投入集的配置和种类；另一方面，数据作为一种要素进入到了传统的生产资料中，对传统生产资料的效率产生了优化和提升的效果，进一步强化了生产效率。因此，我们可以认为数据在宏观层面的价值化主要体现在要素市场的完善方面。

在微观层面，数据所表达的价值主要体现在经济活动的延展、交易场景的延伸和社会分工的深化三个方面。

首先，从平台内部治理的角度来看，数据在平台的生产

〔1〕 史丹：《数字经济条件下产业发展趋势的演变》，载《中国工业经济》2022 年第 11 期。

流程、管理决策和优势提升等环节上都发挥了重要的作用。这种数据的优势功能不仅能够为传统市场中的经营者提供数字化转型的巨大空间和潜力，同时，也是平台经营者商业模式优化的重要路径，为平台经营者能够在多个维度的市场延展活动中发挥重要作用。以平台经济的多市场布局为例，经营者在多个领域开展经营活动与传统经济下的品牌延伸间具有较明显的区别，平台经营者的业务延伸并不单纯地依赖于品牌在用户购买决策中的促进功能，更多的是依靠已经成熟的业务所聚集的数据优势，凭借现有数据形成的网络外部性向新业务进行扩张，实现了平台经营者在以类似数据要素为基础的多个市场活动和交易场景中进行延展。

其次，在一个更加微观的领域内，平台经营者能够运用数据更好地认识市场和识别用户，海量的数据回应了用户的差异化偏好。对于平台经济而言，用户并不仅限于针对卖家的消费者，而且包含了更加广泛的经济活动参与者，这些参与者通过接入平台寻求更多的交易机会，因此他们也包含了产品的卖家和服务的提供者。在平台经济市场中，高效的交易能够得以实现，需要平台可以为差异化的交易者提供针对性的服务，这就需要平台可以运用用户所展现出的数据进行定制化的信息匹配。虽然在平台经济市场的核心问题中，我们须关注平台经营者滥用数据而造成的垄断风险，但是同时我们不得不认同的是，大数据的使用也能够为接入平台的用户带来交易效率上的提升。

如果我们聚焦消费者一侧，我们不难发现，平台对于数据的运用实际上是更加细致地刻画了用户的效用函数。在传统经济市场中，经营者关注的是代表性消费者的效用，即采用一个比较宽泛的效用函数来描述消费者的偏好。这种效用函数虽然可以代表尽可能多的消费者需求偏好，但是针对于某一个或某一类消费者而言，依旧存在着差异。当这种差异使部分消费者的偏好无法得到真正的满足时，即产生了消费者在消费过程中的成本。传统经济下，这种成本并不能得到充分的补偿，这是由于传统经济中的经营者没有针对性的技术和手段来填补相应的空缺。而在平台经济中，平台经营者的经营模式和资源基础恰恰回应了这个问题，他们通过识别消费者的特征，给不同的消费者“画像”，提供给他们真实需求的产品或服务的信息，以此来尽可能缩小实际供给与实际需求之间的差距。我们同时聚焦供给一侧，当消费者的信息能够被平台充分识别后，他们就可以将这种信息优势传递给产品的提供者，使提供者可以获得以销定产的能力。此时，产品的提供者并不会游走在信息的盲区内，凭借某种经验主义的方案来制定生产决策，而是以一个更加准确且科学的路径来安排研发和制定生产计划，降低了他们在生产过程中的成本。此外，这种信息的传输具有较强的传播效果，信息可以在某类产品所处的整条供应链上进行延伸，保证了供应链上更多的节点都是以一个真实有效的信息来进行原材料和加工环节的流通。换言之，信息的传输弱化了供应链内部的信息不对称，同时也为供应链提供了一层缓冲效果，使它能够在外部冲击下更加具有抵抗力，降低了“断链”的风险，同时在技术层面强化了供应链的安全和稳定。

最后，数据要素与传统要素的整合增加了两类要素的耦合和协同效果。以传统劳动力为例，数据要素的加入改变了劳动力在社会分工当中的分配和效率，从传统的以劳动力为主的“投入—产出”活动转变为“人机”协同、“人数”协同的生产模式。在劳动力渗透生产的过程中，不再依赖于劳动力单独地进行繁琐而单一的生产模式，而是利用数据把劳动力转变到更加抽象、附加值更高的劳动中，使这种传统的生产要素在社会分工中趋于综合性的权衡。[1]正如我们现在能够普遍观察到的，诸如网络预约配送员、网约车司机等源于平台经济市场的新职业将传统生产资料的碎片化不断打通，创造出了在零工经济基础上的新的职业，使传统的生产资料不再一味地遵循独立产出模式，而是在数据要素的嵌入下激发融合性的价值。

## 第二节　数据要素的特征与数据竞争

作为一种生产要素，数据与传统要素在“投入—产出”的过程中具有比较明显的共性，这种共性体现在数据价值化的过程中。我们将数据作为一种资源来看待，通过数据的收集、分析、交易、流通、使用等过程，使其从一种资源向生产要素进行转化，并产生价值和经济效益。从这个层面来看，

〔1〕 肖旭、戚聿东：《数据要素的价值属性》，载《经济与管理研究》2021年第7期。

数据与土地、劳动力、资本等传统要素类似，都具有能够嵌入到“投入—产出”流程中的价值激发功能。但同时，数据又具有了与传统要素差异巨大的特征，主要体现在技术依赖性和信息虚拟性两个方面。

首先，数据要素的价值化高度依赖数字技术的发展。现有关于数据要素特征的研究，大多支持数据要素不能脱离数字技术而独立存在的观点。为了理解这个问题，我们可以比较以数据要素为主体的平台经济市场和传统经济市场，数字技术并不广泛地存在于传统经济市场中，但是这并不意味着传统经济市场中没有数据。但数据的价值并未充分地在传统经济市场中被激发，其主要的原因是没有有力的工具来挖掘数据本身的价值潜力。而在平台经济市场中，数字技术的高度运用使我们能够把市场中早已存在的数据抽取出来，并将其信息进行有效的整合，再分拨给需要信息的各个平台主体，使他们可以利用这些信息排除市场中的不确定性以及信息壁垒，进而完成更加高效的交易。不难发现，数据与数字技术并不存在一个双向的因果联系，而更加趋向于一个单向的联系，数字技术可以挖掘数据，但是数字技术并不是产生数据的一个关键条件。当市场中的经济活动存在时，数据便自然而然地产生了，但我们需要明确的是，数据的产生并不意味着数据价值随之产生，而是需要数字技术来激发这个价值。因此，在数据要素市场中，通常能够率先获得数据并从数据中获得价值的经营者，大多是那些在数字技术方面具有相对优势的经营者。

其次，数据要素的存在类似于虚拟的信息，受到空间和时间的局限更小。这个特点主要来自数据本身所具有的可复制、可叠加、可重复使用的特征。不同于传统要素具有实体的有形性，数据要素的核心是作为一种信息的载体，而信息具有十分明显的虚拟性。信息并不严格地需要一种实体的物质进行表达，或者说，信息的存储、传输和表达并不需要一个严格的形态。这便使得信息可以更加灵活地在市场中发挥作用，其具体表现为对于同一组或同一类数据，不同的经营者可以同时进行使用，以及经营者可以多次地进行重复使用，这使得这些数据可以在不同的领域、不同的时间、不同的空间、不同的经营者活动中产生价值，不难发现，数据的这一项特征使它本身的价值得以放大。这个特点是传统的生产要素大多不具备的，它使得数据不再遵循一种实体物质的边界性，虽然边界性可以很好地帮助我们对实体物质的产权进行明确的说明，但是在另一方面，它同时也制约了物质在使用过程中的效率，正是因为这种边界性，使生产要素的稀缺性不断产生。而反观数据要素，它虽然具有一定程度的稀缺性，但是在给定体量的数据下，数据的虚拟特征使这种稀缺性得到了明显的缓解，并体现在了价值放大的维度上。

基于这个特点，我们进一步探讨数据本身所具有的准公共物品属性，即数据在很多情况下是部分非竞争且部分非排他的。我们可以通过表 7 - 1 对数据这一特点进行说明，首先，并非所有数据都具有一定的公共物品属性，数据在某些情境下绝对可以被视为一种私人物品，如消费者的隐私数据，它涉及了个体的数据安全，既具有十分明显的排他性，即相关的个人信息不能与他人共享，又具有十分明显的竞争性，即相关信息进行分享或传播的边际成本极高。因此，我们在本章所讨论的数据要将此类数据排除在外，因为我们所提出的数据价值化一定需要构建在数据安全的基础上。其次，数据也并非是纯粹的公共物品。从竞争性的视角来看，数据的产生来自个体在市场中的经济活动过程，而在特定平台上的经济活动需要平台本身具有一定的竞争力来获取，因此，数据的竞争大多伴随着平台在市场中的竞争而发生；从排他性的视角来看，如上文所讨论的，数据价值需要技术的融入而激发出来，不同经营者所具有的技术不尽相同，在数据形成价值的过程中，就涉及了不同经营者关于数据要素价值化的知识产权，而知识产权的保护则为数据、尤其是那些可以供价值化的数据施加了排他性的条款。

**表 7－1　数据要素属性**

| | 排他性 | 非排他性 |
|---|---|---|
| 竞争性 | **私人物品**<br>隐私数据 | **准公共物品**<br>公共资源：具有使用上的边界，或明显的使用成本 |
| 非竞争性 | **准公共物品**<br>俱乐部物品：存在使用过程中的外生干预（如知识产权） | **公共物品** |

根据于立和王建林（2020）关于数据要素的讨论，以技术、知识、数据等为代表性的倾向于虚拟的要素具有非竞争但可排他的限用品特征，即我们可以将它们大多归在表7－1的俱乐部物品的范畴内。[1]这是由于，那些来自市场活动中的数据若不包含影响信息安全的内容，大多可以以一个较低的竞争成本获取，使很多数据没有明显的竞争性。但是，由于数据在价值化过程中的前期成本很高，例如，相关数字技术的开发、研发、数字基础设施建设都需要进行大量的投入，使数据本身的排他性自然而然地产生，形成了使用数据过程中的外生干预。在数据治理的过程中，我们对数据要素的思考将以俱乐部物品为起点，进行两个角度的延伸。

第一，过度限用可能会推动数据向私人物品转移。私人物品下的数据要素将具有显著的排他性和竞争性的特点，即对于同一组数据或同一类数据，并不能由多个经营者可重复、可叠加地使用。换言之，私人物品语境下的数据要素可能会产生明显的稀缺性，使得那些具有数据的经营者相较于其竞争对手将获得明显的竞争优势。导致这个情况的可能的原因是：一方面来自数据开发和使用的成本和难度过高，以至于只有那些具有了相应技术的少量经营者才能够享受到数字红利；另一方面，对于率先获得数据的经营者而言，通过对数据的封锁，使数据不能得到有效的流通，或是数据的交易成本极高。

---

〔1〕 于立、王建林：《生产要素理论新论——兼论数据要素的共性和特性》，载《经济与管理研究》2020年第4期。

第二，过度的共享可能会推动数据向纯粹的公共物品转移。当数据在开发和使用过程中的排他性逐渐削弱时，数据则可以在更大的范围内被使用。从正面的角度来看，越多的主体对数据要素价值的激发，可以在越大的层面放大数据作为要素本身的价值，并反馈给市场经济活动中的参与者。当然，从负面的效果来看，过度的数据共享可能会导致知识产权保护出现缺位，例如，在数据共享的过程中，接受数据的经营者通过对数据的反向技术操作，可以获取数据分享者的相关技术，使技术开发者的利益受到损害。不过我们需要了解的是，当数据“健康”的共享得以实现后，所有参与数据使用的主体都能够获益于贡献与吸收这个大型的“数据池”当中的资源，也激发了他们对数据池的贡献，形成了一种鲜明的“公地喜剧”效果。

整合上述两种情况，我们可以延伸出数据使用过程中的两类风险，如表 7 - 2 所示：其一是俱乐部物品向私人物品的转移，经营者为了获得更强的竞争优势，有动机限制数据的共享，使部分数据具有较强的排他性。竞争对手难以使用数据，便无法获得数据价值化所产生的经济效益，为数据的封禁者带来更大的利润。这种情况大多出现在数据要素市场的竞争中，也是出现关于数据的反竞争担忧的主要路径。其二是俱乐部物品向公共物品的转移，诚然，我们需要发掘数据在共享过程中的价值创造，但是若知识产权保护缺位，则会导致数据的接受者滥用数据以损害数据分享者利益的情况。在这种损害下，数据的分享者则将弱化分享动机，使数据再一次趋于封闭。因此，在数据共享过程中，第二类风险是我们需要识别和解决的。换言之，要在更大层面激发数据的价值，需要我们保障数据的安全和数据分享者的利益，否则市场中的主体仅会保留在数据池中获得价值的动机，而丧失了贡献数据池的动机，使数据池能够产生“公地喜剧”的效应趋于失灵。

**表7-2　数据要素的两类风险**

| | 排他性 | 非排他性 |
|---|---|---|
| 竞争性 | **私人物品**<br>隐私数据　↑排除竞争 | **准公共物品**<br>公共资源：具有使用上的边界，或明显的使用成本 |
| 非竞争性 | **准公共物品**<br>俱乐部物品：存在使用过程中的外生干预（如知识产权）　技术风险→ | **公共物品** |

就数据要素的竞争而言，它也具有一定程度的市场依赖性。聚焦平台经济市场，我们需要回应的问题是，平台经营者是如何获得数据的？我们首先需要明确的是，平台经营者是通过为买卖双方提供信息的匹配来完成服务的，因此，它进行服务投放的基础工作是收集数据，而数据又是由用户来提供的。延续这个逻辑我们不难发现，平台经营者在数据市场的竞争实际上是对用户的竞争。通过某一项服务吸引至少两边的用户接入，平台经营者才能够构建起其作为双边市场应具备的网络外部性，随着接入用户数量的提高，网络外部性的强度也逐渐提升，此时，平台能够获得数据的规模和体

量也会随之增加。如果平台为了使用数据而开发了数据技术，并为之投入了相应的成本，随着数据规模的不断增加，它能够在给定技术投入成本下获得收益的规模也会随之提升，进而形成了构建在用户规模基础上的规模经济。

为了实现用户层面的竞争优势，进而产生数据要素的竞争优势，平台市场内的经营者竞争通常可以从两个方面展开分析。

第一，平台经营者是否能够有效吸引用户并保留用户。平台经济市场的一个主要特点是，用户具有十分明显的多归属特征，当平台经营者处于比较明显的竞争状态时，用户实际上可以同时接入这些竞争平台进行决策。这种用户的多归属也是导致平台经济市场竞争的重要驱动力。作为数据的主要来源，用户的接入是平台经营者获得数据的基础性工作，他们在竞争之初所需要考虑的问题是，是否能够通过竞争策略获取更多的用户接入。这种策略一方面在于其开展的业务是否能够符合潜在用户的需求；另一方面，还需要产生一种用户接入的同步性，即同时考虑双边用户的接入动机，以一端用户的接入来吸引另一端用户的接入。我们需要同时关注的是，平台是否可以在抓取用户的同时保留用户，在平台经济市场中，得益于互联网和移动通讯设备的高度发展，用户接入一个平台的成本通常都很低，甚至趋近于零，这便导致了用户接入平台和使用平台是两个相互割裂的行动。具体而言，用户可以由于低成本而接入一个平台，但也可能由于预期效用过低或使用成本过高而不继续使用该平台，便造成了平台的注册用户和活跃用户数量之间出现了极大的差距。但平台获得数据的前提是用户在平台上的活动“留痕”，才能使平台在用户的实际活动（如交易）中获得双边或者多边用户的数据和信息。但当用户仅注册而不使用平台时，这种信息是难以被平台识别的，便可能会导致“僵尸”用户对平台挖掘信息无价值地贡献。所以我们这里所讨论的保留用户并非保留用户的接入，而是在用户接入的基础上要求平台能够保留用户的活动，以便于其可以获得数据。

第二，平台经营者是否能够有效搜集数据并抓取信息。用户在平台经济市场的多归属既表现在接入平台的多归属，也表现在使用平台的多归属。换言之，用户在平台上进行活动所产生的信息可能会在不同的平台上得到释放，虽然不同的平台运用的数据内容和数据规模不尽相同，但是当平台间具有了明显的竞争关系时，他们所关心的是同一组用户在平台上释放的信息能否成为自身的竞争优势。因此，平台在竞争过程中便会产生一种动机——尽可能约束同一组用户在不同平台上的数据流动。换言之，平台虽然不能约束用户本身在接入行为上的流动，但是平台可以约束用户信息的流动。相对于约束用户接入，对信息流动的约束能够为平台带来更大的竞争优势。回顾平台的经营基础，它的扩张和盈利需要具有海量的数据作为支撑，同时，它的竞争优势主要来自它在要素市场中的规模和体量。当平台能够控制大量的数据，并且这些数据是竞争对手所不具备的，则平台将在要素市场中获取绝对的优势，并将这种优势转移至用户层面的竞争中，使市场竞争趋向于“一家独大”的局面。因此，我们在平台经济中所提出的“赢者通吃”的赢者并非占据了市场的绝对份额的经营者，而是能够获得绝对优势体量的经营者，他们因此而获得的收益将不限于要素市场的收益，还有利用数据优势再一次吸引用户，使用户在平台上进行交易而带来的收益。

## 第三节　数据封禁的经济学逻辑与风险

我们关于数据封禁的经济学分析从一个竞争的平台经济市场出发，如图 7－1 所示，平台 1 和平台 2 关于某种业务进行竞争，这个业务使两家平台进入到同一个相关市场中。我们并不严格设定两家平台的经营内容，因此，接入平台的两组用户，用户 A 和用户 B 之间仅表现出围绕平台存在的网络外部性，他们之间的互动包括但不限于一种买卖关系。平台 1 和平台 2 在用户接入的基础上关于产品市场展开竞争，他们竞争的主要路径是，收集和发送两类用户的供需信息，并基于自身所具有的数字技术进行信息的匹配和对接，使尽可能多的用户能够在平台上搜寻到可供其产生经济价值的信息并完成互动（交易）。平台的盈利模式是，当用户接入并实现互动后，获得用户互动过程中所得到的经济价值的一部分。因此，平台的经营目标是能够吸纳更多的用户接入平台，并通过收集他们的信息来完成匹配，从而获得利润。不难发现，在这个过程中，平台能够得以实现匹配的核心要素是用户的信息，这些信息是以用户所展现出的数据进行传输的。基于这个逻辑，平台在产品市场上的竞争仅是竞争的外在表现，而平台之间实际的竞争应是关于数据的竞争。

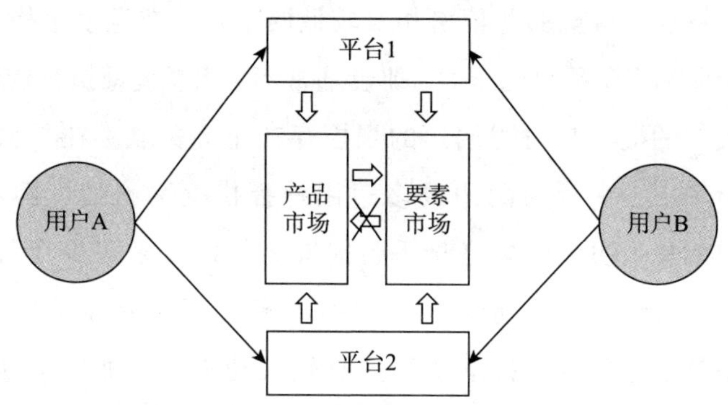


**图7－1　平台竞争与数据竞争**

结合上一节的讨论，两组用户对于不同的平台具有多归属的特征，他们可以以较低的成本接入任意平台，也可以同时接入两家平台，使得用户的数据对于两家平台而言属于一类准公共物品。换言之，只要平台能够拥有处理数据的技术和能力，他们就可以比较有效地获取接入自身平台的用户的相关信息。给定其他因素不变的情况下，当数据具有准公共物品属性时，平台之间的竞争将趋于一种完全且较公平的竞争状态。具体来看，用户接入平台所提供的数据不会受到外生的干预，说明了平台能够公平地获得用户的数据并开展经营活动。当用户接入平台的规模和用户所给平台提供的数据体量相当时，任何一家平台都不能够在要素市场获得相对的优势，为了争夺更多的市场份额，并实现盈利，平台只能在交易条件上给予用户更大的优惠。

从用户一侧来看，他们的福利来自三方面的影响。①用户的接入与平台制定的费用之间存在反向关联。平台费用对于用户来说是一种直接成本，当某家平台的定价水平提升时，用户将会转移至那些价格相对较低的平台。在竞争结构下，由于面临竞争平台的压力，平台通常不会大幅度地提升费用。②用户的接入与对边用户的规模存在正向关联。在平台经济市场中，平台为两边或多边用户提供交易机会，因此，用户的接入决策需要考量平台能够为他们带来多少交易机会，或者说，平台能够为他们提供多大规模的互补用户。网络外部性的存在推动了用户有较大动机接入那些交易机会更多的平台。③我们在本章格外关注的，平台在为用户提供中介服务过程中的服务质量也对用户的接入起到了正向的推动作用。这里的服务质量并非我们在传统经济市场中关注的较为狭义的服务本身的效能，而是用户接入平台后，平台提供的中介服务的效率和效果。当用户能够更加便捷且准确地获得他们所需要的服务时，他们在平台活动过程中的搜寻成本将会大幅度降低，进而提升了用户使用平台的福利。

不难发现，上述三个因素之间既存在相互影响，又具有相互因果关联。如图 7 - 2 所示，能够有效提高服务质量的平台，可以通过降低用户的间接成本来提高用户的接入和使用。同时我们需要强调的是，接入程度的提升并不仅发生在一端用户上，而是发生在两端用户上，而且这种提升存在一种放大效果。第一层提升来自平台服务质量的提高，激发了单边用户的接入；第二层提升来自网络外部性，当潜在用户观察到对边用户接入的规模增加后，进一步提高了接入的动机。而这个循环的核心是数据要素的流动，图中展现了数据在这个循环中的供给路线。数据供给量的提升带动了平台服务质量的优化，而来自更好的服务质量所产生的用户规模的增加又进一步增加了数据要素的供给。

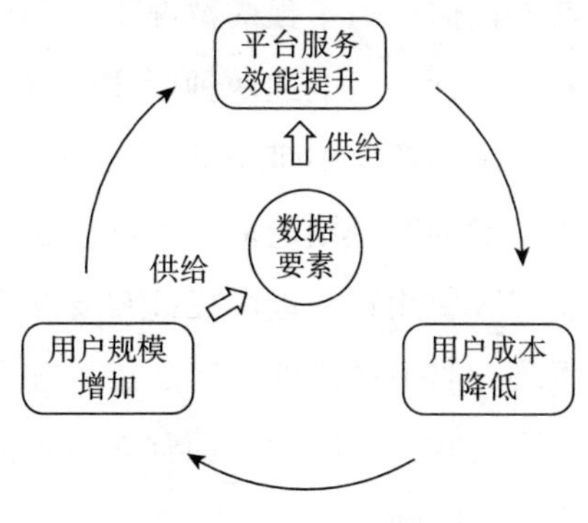


**图 7－2　数据要素供给**

在这个循环的背后，展现出的是平台对用户的定价。当平台在竞争中都能够产生图中所形成的关于数据的循环时，他们则具有了同等的或者类似的关于数据要素的竞争力，即他们在要素市场中处于一种势均力敌的状态。此时，他们则将竞争的重心转移至产品市场中，平台在产品市场中的主要竞争工具是价格，即他们对用户所制定的价格。相对竞争优势的缺位对平台价格的压制相较于传统经济市场而言更加明显：首先，平台向用户提供的产品是同质的。无论面向哪个用户群体，平台的核心功能都是将某种实体的产品信息进行转移，而实体产品都是由另外一组或几组用户，以及第三方所提供的。[1]因此，在平台上流通的产品通常具有较高的同质性，产品既可以在平台1进行流通，也可以在平台2进行流通，在这个关于产品的层面来看，用户接入任何一家平台所接受的服务都是趋于一致的。其次，平台所获得的数据要素是同质的。由于用户可以以极低的成本接入任何一家平台，或同时接入两家平台，用户向平台展现出来的信息是趋于一致的。在没有其他任何外力干预的情况下，平台之间所获得的数据要素没有差异性。当上述两种同质性发生后，平台的竞争工具为平台在市场竞争中带来的力量将被削弱，平台能够得以发挥竞争功能的路径则趋向于单纯的价格竞争。平台通过更低的价格来吸引用户，进而提高自身在市场中的竞争力。因此不难发现，当平台所处的产品市场和要素市场中的同质性越高，则平台在价格层面会面临越激烈的竞争，给平台带来的利润上升空间则越低。

为了获得更高的利润，平台则可能会产生两个动机：其一是在产品市场中施加某种约束，如“二选一”行为；其二是在要素市场中施加某种约束，即对数据进行某种封禁。数据封禁的表现形式比较多样，李勇坚和夏杰长（2020）指出，超级平台在开拓新市场时，可以将其在原市场所具备的数据优势延展至新的市场，形成新的垄断格局，此外，更加严重的是，平台可以通过封禁与其他平台的互连，使用户无法在多个平台间切换时“携带”自身数据，使用户A在平台1

---

〔1〕 这里我们并不排除平台所提供的自营产品，但是就目前的实践观察来看，平台自营业务在平台整体经营中的占比较小。

上活动时产生的数据仅能作用在该平台上，换言之，这些数据无法给用户 A 在平台 2 上带来效用。[1] 我们可以进一步明确，数据封禁的核心逻辑是，通过对数据要素市场的控制，增加用户在平台间切换过程中的转移成本，形成用户的锁定效应，进而将用户的关注度导流至自身平台，增加交易规模。

反观我国《反垄断法》相关的规制内容，虽然没有明确对数据封禁和数据垄断相关行为的规制，但是从数据封禁的逻辑来看，该行为在平台经济市场中存在一种比较明显的"结构 - 行为"风险。诸多垄断行为的生成来自经营者在某些方面具有了市场势力，通过不合理地运用市场势力（滥用）获得利润，同时对市场竞争造成了严重的损害。数据封禁可以被视为一种直接效果与间接效果并存的竞争损害行为。直接效果体现在数据封禁所表现的实际的垄断行为上。例如，本书前文所讨论的"二选一"行为、自我优待行为，都可以被视为一种数据封禁所形成的直接的垄断行为。具有市场支配地位的平台经营者通过外生干预，影响了其他经营者可以正当获取数据所包含信息的能力，进而实现排除竞争的效果。

另一方面，数据封禁产生的间接效果并不以经营者在市场中的垄断行为为主要的表现形式，而是以构建自身的垄断状态为主要目的。通过数据封禁，平台经营者可以建构一种特定业务下相关市场的垄断结构，虽然这并不是我们通常所直接观察到的某种垄断行为，但是却具有十分明显的风险。

---

〔1〕 李勇坚、夏杰长：《数字经济背景下超级平台双轮垄断的潜在风险与防范策略》，载《改革》2020 年第 8 期。

其一是来自数据封禁对市场结构的影响，由于数据的封禁，使其他经营者无法充分获得有效的生产资料。在要素市场中数据流动不均衡的情况下，数据更多地聚集到封禁数据的经营者上，形成了要素市场集中度的提升，改变了市场结构，进而给封禁数据的经营者实施潜在的垄断行为提供了必要的基础。其二是来自数据封禁对市场可竞争程度的影响，平台经济市场中的初创企业以及潜在经营者在进入市场之后，需要大量的数据作为生产经营基础，提升自身经营规模以获得商业利润。当数据无法在市场中实现有效的流动时，即数据的准公共物品功能在数据封禁行为下受到抑制，则初创企业和潜在经营者在进入市场后的预期利润面临弱化，他们进入市场的门槛将显著提升，降低了市场的可竞争程度，进一步放大了市场结构趋于垄断的效果。

## 第四节　数据互联互通与数据治理

数据互联互通的关键目标在于，使那些可以被广泛用于正常生产经营活动的数据要素重新回到要素市场，并打通要素市场在在位经营者之间以及潜在经营者之间的壁垒，使数据要素可以在市场内充分地流动。在 2022 年 3 月《中共中央、国务院关于加快建设全国统一大市场的意见》中明确指出，要“加快培育数据要素市场，建立健全数据安全、权利保护、跨境传输管理、交易流通、开放共享、安全认证等基础制度和标准规范，深入开展数据资源调查，推动数据资源开发利用”，强调了数据交易流通、开放共享对数据价值激发的重要作用。

数据的互联互通的表现形式在于共享，而共享的实现路径既包含了数据的流通和开放，又涵盖了数据的交易。这两条路径存在着高度互补的关系，这主要是由于数据在价值化过程中的两个主要阶段。具体而言，数据价值化的第一阶段是关于数据本身所包含的信息在生产经营过程中的原生价值体现，是数据价值化的基础阶段。如本章前文所述，数据的使用可以有效地缓解市场中的信息不对称，降低由信息不对称而带来的交易成本，提高交易效率。以数据为主要要素的平台经营者能够将数据所蕴含的信息转化为经济价值，并在经济活动中向其他的参与者进行转移，提升市场整体运行效能。数据价值化的第二阶段是关于数据价值激发的技术融入。虽然数据在要素市场中对不同的经营者具有同质性特征，但是不同经营者基于自身的研发能力、业务领域、经营方向等存在的不同，对同样的数据的运用存在较明显的差异。这种差异同样来自不同的经营者所运用的技术性差异，因此，在差异化的技术嵌入下，数据所展现出的价值不尽相同，当差异化的技术给数据带来的多方面的价值能够在经营者之间相互融合时，同样的数据则能够被激发出多层次的价值。

因此，对于数据要素的共享而言，它的价值激发可以来自数据在尽可能大的范围内进行运用，也可以在数据共享的基础上，使更多的经济活动参与者享受到围绕数据而产生的数字技术的红利。对于平台经营者而言，他们所获得的来自数据要素的价值则可以归纳为数据的使用价值和数据的交易价值两个方面。我们可以将这两种价值刻画在经营者的利润函数中，以上文的双寡头竞争平台经济市场为例，平台 $i(i = 1, 2)$ 在两种价值的作用下，利润函数可以表达为：

$$\pi_i \equiv \Pi_i(x_i) + s_i(x_i) + r_i(x_j, f_j), \quad (7.1)$$
$$i = 1, 2;\ j = 1, 2;\ i \neq j$$

其中$x_i$是经营者 $i$ 所拥有的数据体量，若经营者将数据交易给其他经营者时，则能够获得 $s(x_i)$ 的交易收益，即 $s'_i(x_i) > 0$ ；同时，若经营者可以获得其他经营者（如经营者 $j$）的数据时，他能够获得 $r$ 的收益，但与此同时，获得数据并非是无成本的，在数据交易过程中，经营者 $i$ 需要承担 $f$ 的成本，即$\frac{\partial r_i}{\partial x_j} > 0$，$\frac{\partial r_i}{\partial f_j} < 0$。若关于数据要素的交易市场是一个有效的交易市场，即没有任何交易费用，则经营者在交易中获得的收益与其承担的成本一致，即 $s(x_i) = f_i$ 。

基于公式（7.1），我们可以考虑一个基准情况，在这个情况下两家平台都不会分享自身的数据。当平台均不分享数据时，他们既无法获得交易数据所带来的利润，也无法获得对方数据为自身带来的利润，此时，平台 $i$ 的利润则降低为 $\pi_i = \Pi_i(x_i)$ 。不难发现，相较于两家平台都分享数据的情形，此时两家平台都只会获得最基础水平的利润，平台只能基于自身所“垄断”的数据开展经营活动。同时，两家平台的竞争则关注了如何获得并封禁更多的数据为自身的盈利积累更多的资源。这个封禁的过程将产生三个方面的损害：

①两家平台都将面对盈利的瓶颈。此时关于数据的竞争趋近于两家平台的零和博弈，他们在目前市场的数据存量中展开争夺，无法创造数据的增量价值。市场中的数据存在着一种“非此即彼”的流动，即数据由于两家平台的封禁而划分出明显的边界，无法形成跨越边界的价值提升。②两家平台的用户由于数据在平台间流动受阻而承担了明显的转移成本。数据的封禁使用户面对的平台市场被分割成两个近乎于独立的市场，用户不能形成良好的平台间切换，或者说，用户在不同的平台间进行切换的成本显著提升，弱化了其在平台上进行互动所产生的效用。③平台经济市场中潜在的经营者受到了来自要素匮乏的损失。如上文所述，平台经济市场的初创企业需要积累充足的数据开展正常的生产经营活动，当在位经营者封禁数据时，市场中的数据将出现较大失衡，使它们无法有效地向初创企业流动，产生了对潜在竞争的弱化效果，降低了市场中的竞争程度。

基于上述关于基准模型的分析，我们可以发现，当两家平台都没有分享数据的动机和实际行动时，则会产生一种围绕数据要素分享的动机失灵的情况。我们可以进一步追问，是否存在一种情况或一系列条件，能够使平台都有动机去分享数据？回答这个问题，我们需要首先关注一种情形：一家平台可以分享数据，而另一家平台并未分享数据，即形成了一种关于数据分享的不对称行动。为了不失一般性，我们假设平台 1 封禁数据，而平台 2 分享数据，此时，两家平台的利润函数分别表示为：

$$\pi_1 = \Pi_1(x_1) + r_1(x_2, f_2); \pi_2 = \Pi_2(x_2) + s_2(x_2) \quad (7.2)$$

对于平台 1 而言，他即便此时没有分享数据，也可以通过来自平台 2 的数据而相对 $\Pi_1(x_1)$ 提升利润。由于平台 1 在获得数据过程中，也承担了成本$f_2$，因此我们不能主张平台 1 此时存在一个搭便车的行为，但可以将其界定为一种关于平台 2 数据对平台 1 的价值溢出。在平台 2 方面，相较于不分享数据，平台 2 也可以从分享数据中获得相应的收益$s_2$。结合两家平台的利润，我们很容易发现，即便一家平台没有分享出自己的数据，当另一家平台有条件（如征收一部分费用）来分享自身数据时，两家平台都能够获得较数据封禁时更高的利润。

进一步地，若在公式（7.2）表达的情形基础上，平台 1 也分享自身的数据，则两家平台的利润也会分别得到提升。具体而言，平台 1 能够从分享数据中获得交易数据的收益，即$s_1$；同时，平台 2 也可以从平台 1 的数据中获得价值溢出，即$r_2$。这个分析结果给我们带来了一个关于数据分享十分重要的结论：对于任何一家平台来说，数据分享总是他们在博弈过程中的占优决策（dominating strategy），我们可以将其刻画在表 7－3 的博弈矩阵中。

**表 7－3　博弈矩阵**

| 平台1 \ 平台2 | 封禁 | 分享 |
| --- | --- | --- |
| 封禁 | $\Pi_1(x_1); \Pi_2(x_2)$ → | $\Pi_1(x_1) + r_1(x_2, f_2)$; $\Pi_2(x_2) + s_2(x_2)$ ⇩ |
| 分享 | ↓ $\Pi_1(x_1) + s_1(x_1)$; $\Pi_2(x_2) + r_2(x_1, f_2)$ ⇨ | $\Pi_1(x_1) + s_1(x_1) + r_1(x_2, f_2)$; $\Pi_2(x_2) + s_2(x_2) + r_2(x_1, f_1)$ |

在博弈矩阵中，无论一家平台是否选择分享数据，另外一家平台都有动机进行数据的分享，因此在这个博弈中的纳什均衡为（分享，分享），即两家平台都同时具有了分享数据的动机。基于这个结论，我们可以进一步将数据分享的效果扩张到整个市场中。如本节前文所述，当两家平台都进行数据封禁时，不仅平台自身和用户会受到损失，同时，市场中的潜在经营者也会受到损失。反观平台数据共享的情况，当数据要素得以交易的市场存在时，即便在位的平台经营者不能从初创平台处获得数据资源，他们也具有分享数据的动机。这是因为对数据的分享者来说，数据要素的交易市场已经能够为他们带来收益，并激发他们分享数据的动机，此时，只要数据要素交易市场的定价机制和数据流通机制是有效的，则初创平台将可以获得供其开展生产经营活动的必要数据。

基于上述的讨论我们不难发现，形成数据要素在流通过程中的价值化激发的关键在于一个有效的数据要素交易市场。当这个市场存在时，便可以解决数据在流通过程中的一个导致堵塞的问题，即经营者分享数据的动机失灵的问题。经营者之所以缺少了分享数据的动机，其主要原因在于分享数据很有可能是没有收益的，而对于经营者而言，封禁数据至少能够为其带来一定程度的收益，这就导致经营者分享数据将带来较大的机会成本。一方面，分享数据的既得利益不确定，另一方面，分享数据又会使经营者失去已经积累的数据要素优势。而数据交易市场的产生，则为经营者的数据，更具体来说，应是为经营者对原始数据的操作所投放的技术进行合理的定价，使经营者将数据从原始数据处理到可以利用的信息化数据过程中所投入的成本进行价格化，以市场中的交易形式将这种成本进行补偿，激发经营者分享数据的动机。

数据的交易市场的另一个潜在功能在于它可以很好地缓解经营者在数据层面的道德风险，即弱化甚至消除经营者滥用数据的动机。王申和许恒（2022）研究指出，当经营者具有数据优势时，他们有动机通过滥用数据来获得额外的利润，此时，无论是其竞争对手还是用户都会受到损害。[1]同时，来自数据封禁的滥用还会提升市场的进入门槛，降低市场的竞争程度。而从另一个角度来看，当经营者可以同时处于一个有效的数据交易市场时，他们则可以通过数据交易来获得数据使用以外的利润，实际上是提高了经营者滥用数据的机会成本，使他们可以将更多的经营资源转向数据交易以及数据的合理使用中。因此，数据的交易市场可以被视为一种推动经营者从数据滥用转向为数据善用的一个有效机制。

然而，数据要素的交易市场在数据价值化过程中发挥明显作用的同时，也伴随着一个突出的风险。数据在分享过程中，被分享的往往不是经营者所获得的原始数据，而是附加了经营者技术投入的数据。当这些数据并未实现完全的脱敏时，可能会面临数据分享者技术泄露的风险，这种风险是来自数据的分享者和数据的接收者之间存在的信息不对称。信息不对称并非是关于数据本身，而是数据的接收者使用数据

〔1〕王申、许恒：《数据善用与数据安全共治机制研究》，载《当代财经》2022年第11期。

的实际行为，这种行为往往是数据的分享者所不能够充分观察到的。当此类信息不对称程度加剧时，数据的接收者滥用他们所接收到的数据的动机则会提升，滥用的形式包括但不限于对于数据所附加技术的攫取，以及通过反向工程分析数据分享者的算法等。在这种道德风险下，数据的分享者所面对的潜在损失是由于关于数字技术的知识产权保护的缺位，使他们在分享数据的过程中，同时伴随着技术泄露的潜在风险。

我们延续上文中关于经营者动机的分析模型，若数据分享过程中缺少了必要的知识产权保护，则会使数据的交易机制出现反向的扭曲。具体可以将经营者的利润函数表示为：

$$\pi_i \equiv \Pi_i(x_i) + s_i(x_i, R) + r_i(x_j, f_j) \tag{7.3}$$

其中 $R$ 刻画了接收数据的经营者滥用数据的可能性，当滥用数据发生后，经营者分享数据获得的收益降低，甚至产生损失，即当 $R$ 大于某一临界值时，$s_i < 0$。这种情况将会拉低经营者分享数据的利润。我们回顾表 7－3 中的博弈矩阵，当经营者分享数据获得的利润降低时，他们分享数据的动机将会显著弱化，甚至消除，便会又一次回到分享数据的动机失灵的情况，使数据要素交易市场趋于无效。

结合上述分析，我们可以对数据要素互联互通和数据治理提出以下优化方案：方案的核心是关于数据分享的双轮驱动机制，其一是构建有效的数据要素交易市场，其二是在市场内构建有效的知识产权保护机制。如图 7－3 所示，数据要素交易市场用来提升经营者分享数据过程中的收益，改变具有数据的经营者通过数据进行盈利的主要路径。具体而言，经营者关于数据的盈利路径可以包括数据滥用获得的收益，以及数据分享获得的收益，当经营者来自后者的收益明确且稳定时，他们便会降低通过滥用数据而获得收益的动机。此时，数据分享者的盈利关注点则在于分享数据所获得的交易价值，而对于数据的使用则会趋于合理，强化数据分享者善用数据的动机。

有效的知识产权保护体系是针对于数据在分享过程中的保护，通过对接收数据的经营者使用数据行为的约束，规范经营者使用来自数据要素交易市场数据的行为，使他们无法通过滥用接收到的数据获得扭曲的利润。同时，知识产权保护体系也在数据交易的过程中，降低了数据分享者来自潜在道德风险的成本，对数据分享这个行为起到了保护的作用，维护了数据分享者进一步持续分享数据的动机和预期收益。在数据分享的双轮驱动机制下，数据的分享者和数据的接收者都能够在善用数据过程中获得合理的收益，且当数据要素交易和知识产权保护持续运行的过程中，这种收益能够长期保持稳定。经营者在长期进行持续的数据善用，反映出了一种在平台经济市场中的“竞合”状态。[1]具体而言，数据要素层面有效的“融合”提升了经营者提供服务的效率，帮助经营者可以以较低的成本快速实现规模经济，并将规模经济所产生的优势带入到用户群体中。而数据的共享又能够使经

〔1〕 许恒、张一林、曹雨佳：《数字经济、技术溢出与动态竞合政策》，载《管理世界》2020 年第 11 期。

营者的“竞争”更加公平，扭转了他们为了获得相对竞争力而进行的数据封禁行为，通过对数据的互联互通，推动市场竞争向开放和可持续的方向移动。

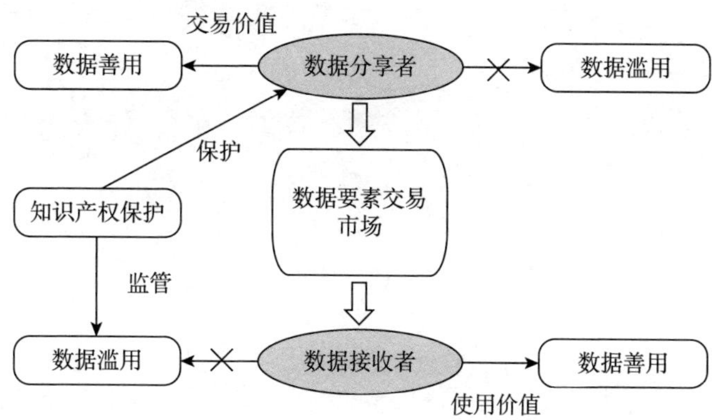


**图 7-3　数据要素“双轮驱动”**